형통의 사람으로 세우는
남편을 돕는
아내의 기도

형통의 사람으로 세우는
남편을 돕는 아내의 기도

2014년 04월 20일 초판 1쇄인쇄
2019년 11월 30일 초판 6쇄인쇄

지은이	노진향
펴낸이	황성연
펴낸곳	도서출판 청우
등록번호	제 8-63호
주문처	열린유통
주소	경기도 파주시 광탄면 혜음로 883번길 39-32
전화	(031)906-0011 **팩스** (0505) 365-0011
ISBN	978-89-94846-21-7 03230

이 책은 저작권법에 의해 보호를 받는 저작물이므로 무단전재 및 복제를 금합니다. 잘못 만들어진 책은 구입하신 서점에서 바꾸어 드립니다.

책 값은 뒤표지에 있습니다.

형통의 사람으로 세우는
남편을 돕는 아내의 기도

| 노진향 지음 |

청우

❖ 효과적인 사용을 위한 안내

1. 남편을 위해 기도하고 싶을 때 언제나 사용하십시오.
2. 될 수 있으면 하루에 한 번 이상 남편을 위해서 기도하십시오.
3. 남편을 위한 기도 다이어리를 만들어보십시오. 이 책은 기도문마다 기도한 날짜를 체크할 수 있도록 되어 있습니다.
4. 남편의 발을 마사지(masssage)해주며 기도해보십시오. 마음이 담긴 사랑의 터치는 남편의 마음을 변하게 합니다.
5. 같은 기도문의 내용이라도 반복하여 기도하는 것이 좋습니다. 나중에는 기도 책자가 없이도 기도할 수 있습니다.

6. 특별히 마음에 와 닿는 기도 문구는 반복하는 것도 좋습니다. 이 기도문은 단지 읽기 위한 것이 아니라, 기도하기 위한 것이기 때문입니다.

7. 주제별로 기도하고 싶을 때는 기도문의 상단마다 표기되어 있는 것을 참고하십시오.

8. 교회와 같은 특별한 기도처에서도 이 책을 사용하며 남편을 위하여 기도하실 수 있습니다.

9. 이 책의 기도문을 남편에게 적용하면서 기도하다보면 아내인 자신도 영적으로 성숙해지는 것을 경험할 수 있습니다.

| 들어가는 글 |

믿음의 아내가 남편에게 해줄 수 있는 가장 아름다운 선물은 무엇일까요? 그것은 중보기도(intercessory prayer)라는 선물입니다. 아내의 기도를 통해 남편이 하나님의 은총을 받는 사람이 된다면, 이보다 더 좋은 천상의 선물은 없을 것입니다. 또한 아내와 어머니로서 가정을 위해 기도할 수 있는 것은 하나님이 여인에게 주신 소중한 사명입니다. 그러므로 가정의 구성원들을 위하여 항상 기도하기를 힘써야만 하는 것입니다. 아내와 어머니로서 꿇은 기도무릎은 하나님의 능력을 끌어내리는 축복의 통로가 될 것입니다.

이 책은 특별히 남편을 위해서 기도무릎을 꿇기를 원하는 믿음의 아내들에게 도움을 주기 위하여 집필한 책입니다. 이 작은 책자가 남편을 위하여 구체적으로 기도할 수 없었던 믿음의 아내들에게 큰 힘이 되었으면 합니다.

반달마을에서 노 진 향

• 남편을 세우는 축복 한마디 •

기쁨을 심어주는 말
"여보, 멋있어요! 당신은 잘생겼어요."

용기를 심어주는 말
"여보, 힘내세요! 당신은 잘할 수 있어요."

위로를 주는 말
"여보, 괜찮아요! 당신이 최고예요."

피곤함을 씻어주는 말
"여보, 수고했어요! 당신이 너무 소중해요."

상처를 싸매주는 말
"여보, 잊어버리세요! 당신 말이 옳아요."

애정을 심어주는 말
"여보, 행복해요! 당신을 사랑해요."

확신을 심어주는 말
"여보, 감사해요! 당신밖에 없어요."

• CONTENTS

효과적인 사용을 위한 안내… 5
들어가는 글… 6
남편을 세우는 축복 한 마디… 7

제1부
남편을 형통의 사람으로 세우는 **아내의 무릎 기도문**… 11

꿈과 비전의 남편이 되게 하소서 • 강하고 담대한 남편이 되게 하소서 • 선포하며 사는 남편이 되게 하소서 • 기회를 사는 남편이 되게 하소서 • 정직한 남편이 되게 하소서 • 긍정의 남편이 되게 하소서 • 비교하지 않는 남편이 되게 하소서 • 자신을 사랑하는 남편이 되게 하소서 • 세월을 아끼는 남편이 되게 하소서 • 하나님을 경영자로 모시게 하소서 • 깨끗한 재물을 사랑하게 하소서 • 그날의 삶을 마음에 그리게 하소서 • 필요한 사람으로 쓰임 받게 하소서 • 겸손이 있는 실력을 갖추게 하소서 • 실패를 다스릴 수 있게 하소서 • 행복의 가치를 알게 하소서 • 운전대를 붙들어 주소서 • 모든 위험으로부터 막아주소서 • 건강을 붙들어 주소서 • 고생하는 남편에게 힘을 주소서 • 승진의 복을 허락하소서 • 가게를 잘 운영하게 하소서 • 주님이 받으시는 사업이 되게 하소서 • 주님이 이끄시는 경영이 되게 하소서

제2부
남편을 회복의 사람으로 세우는 **아내의 무릎 기도문**… 61

주님을 영접할 수 있게 하소서 • 담배와 술을 끊을 수 있게 하소서 • 스마트폰에 중독되지 않게 하소서 • 방황을 멈추게 하소서 • 취업의문을 열어주소서 • 질병을 치료하여 주소서 • 중병을 치료하여 주소서 • 주님이 직접 수술하여 주소서 • 영혼과 육신을 지켜주소서 • 만성피로에서 벗어나게 하소서 • 가슴을 시원하게 해주소서 • 단잠을 허락하소서 • 죽고 싶은 마음을 거두어 가소서 • 불안의 늪에서 건져 주소서 • 감정을 삭일 수 있게 하소서 • 불평하는 마음에 변화를 주소서 • 낙심의 자리에서 일으켜 주소서 • 큰 위기를 극복하게 하소서 • 배신의 아픔을 참아내게 하소서 • 유혹을 이기게 하소서 • 실패를 딛고 일어서게 하소서 • 더 좋은 일터를 주소서 • 제사하는 행위를 멈추게 하소서

제3부
남편을 성숙한 사람으로 세우는 아내의 무릎 기도문… 109

감사하는 남편이 되게 하소서 • 위로하는 남편이 되게 하소서 • 평화를 심는 남편이 되게 하소서 • 용서하는 남편이 되게 하소서 • 마음이 따뜻한 남편이 되게 하소서 • 교제가 있는 남편이 되게 하소서 • 남을 생각하는 남편이 되게 하소서 • 웃으며 사는 남편이 되게 하소서 • 과오를 인정하는 남편이 되게 하소서 • 치우치지 않는 남편이 되게 하소서 • 생활태도가 좋은 남편이게 하소서 • 안 좋은 기억은 잊게 하소서 • 주님의 마음을 담아내게 하소서 • 건전한 취미생활을 할 수 있게 하소서

제4부
남편을 믿음의 사람으로 세우는 아내의 무릎 기도문… 139

믿음이 자랄 수 있게 하소서 • 주일을 잘 지키게 하소서 • 예배를 사모하게 하소서 • 말씀을 잘 듣고 깨닫게 하소서 • 주님을 신뢰하고 의지하게 하소서 • 열심을 낼 수 있게 하소서 • 영적싸움을 잘할 수 있게 하소서 • 충성하게 하소서 • 기도생활에 불이 붙게 하소서 • 새벽무릎이 있게 하소서 • 헌신하게 하소서 • 성령으로 충만하게 하소서 • 헌금을 잘 드릴 수 있게 하소서 • 굳건한 믿음이 되게 하소서 • 은사로 충만하게 하소서

제5부
가정을 세우는 아내의 무릎 기도문… 171

정다운 가정이 되게 하소서 • 성숙한 가정이 되게 하소서 • 소중함을 아는 가정이게 하소서 • 행복한 부부가 되게 하소서 • 서로의 필요를 느끼는 부부이게 하소서 • 잘못됨을 보이지 않는 부부이게 하소서 • 진실한 부모이게 하소서 • 인격적인 부모이게 하소서 • 닮고 싶은 부모이게 하소서 • 영적인 부모이게 하소서

여호와께서 그와 함께하시매
그가 어디로 가든지 형통하였더라

열왕기하 18장 7절

1부

남편을 형통의 사람으로 세우는
아내의 무릎기도문

<꿈과 비전>

꿈과 비전의
남편이 되게 하소서

형통의 사람으로 세우는 말씀 •

"푯대를 향하여 그리스도 예수 안에서 하나님이 위에서 부르신 부름의 상을 위하여 달려가노라"(빌 3:14)

사랑의 주님!

남편의 건강을 항상 지켜 주셔서 감사드립니다. 또한 그의 생각도 붙들어 주셔서 밝은 모습을 잃지 않게 하시니 감사드립니다.

주님!

사랑하는 남편을 위해서 기도합니다. 남편이 언제나 미래를 향하여 힘 있게 전진할 수 있는 꿈과 비전의 사람이 되게 하옵소서.

자신이 가고 있는 길을 꿈과 비전으로 든든히 세워갈 수 있게 하시고, 자신이 하고 있는 일을 꿈과 비전으로 부요하게 할 수 있는 사람이 되게 하옵소서.

어떤 경우라도 환경을 핑계 삼지 않게 하시

고, 조건을 탓하는 일도 없게 하옵소서.

언제나 자신의 인생을 꿈과 비전을 향해 가치 있게 세워 나갈 수 있는 사람이 되게 하옵소서.

혹, 주어진 일들에 만족스런 결과가 주어지지 않는다 할지라도 실망하거나 실족하지 않게 하여 주시고, 다시 도전할 수 있는 내일이 있음을 감사하며, 힘 있게 전진할 수 있는 사람이 되게 하옵소서.

대가를 치룰 일이 있다면 기꺼이 치룰 수 있게 하시고, 희생을 감내해야 한다면 기꺼이 자신을 깨뜨리는 용기를 보여 줄 수 있는 사람이 되게 하옵소서.

주님!

우리 남편이 꿈과 비전의 사람이 되기를 원합니다.

예수님의 이름으로 기도합니다. 아멘

<담대함>

강하고 담대한
남편이 되게 하소서

형통의 사람으로 세우는 말씀

"강하고 담대하라 너는 내가 그들의 조상에게 맹세하여 그들에게 주리라 한 땅을 이 백성에게 차지하게 하리라" (수 1:6)

반석이신 주님!

저희 가정을 언제나 주님의 강하신 손길로 붙들어 주심을 감사드립니다. 주님께 기도할 때마다 은밀하게 만져 주시는 주님의 은혜를 경험하게 하옵소서.

주님!

사랑하는 남편을 위해서 기도합니다.

남편이 항상 강하고 담대한 사람이 되게 하옵소서.

남편에게 어떤 환경이 주어지든지 그 환경을 잘 다스릴 수 있는 사람이 되게 하옵소서. 고난이 와도 위축되지 않고 정정당당하게 맞설 수 있게 하시고, 역경을 만나도 낙심하지 않고 정면으로 돌파해 나가는 강한 의지가 있는 사람이 되게 하옵소서.

어려우면 어려울수록 더욱 큰 용기를 보이는 사람이 되게 하시고, 힘들면 힘들수록 더욱 강한 모습을 보이는 사람이 되게 하옵소서.

자신의 앞길에 어떤 일이 놓여 있든지 겁내거나 두려워하지 않고 담대히 나가게 하시고, 항상 믿음을 앞세워 힘 있게 전진하는 사람이 되게 하옵소서.

강한 자 앞에서는 절대로 뒤로 물러나는 비겁함이 없게 하시고, 약한 자 앞에서는 일부러 바쁜 체하는 어리석음을 보이지 않게 하옵소서.

주님!

사랑하는 남편이 여호수아와 갈렙 같은 인물이 되기를 원합니다. 강하고 담대한 사람이 되기를 원합니다.

예수님의 이름으로 기도합니다. 아멘

⟨선포⟩

선포하며 사는 남편이 되게 하소서

형통의 사람으로 세우는 말씀 •

"예수께서 이르시되 할 수 있거든이 무슨 말이냐 믿는 자에게는 능히 하지 못할 일이 없느니라"(막 9:23)

사랑의 주님!

오늘도 저희를 인도하시는 등불이 되어 주시니 감사합니다. 캄캄한 인생길에서 저희가 두려워하지 않는 이유는 보호자가 되시는 주님이 계시기 때문입니다.

주님!

사랑하는 남편을 위해서 기도합니다. 남편이 자신에게 주어진 삶을 승리로 이끌기 위해서 하루하루 긍정의 언어를 선포하며 살 수 있게 하옵소서.

"오늘도 나는 하면 된다. 할 수 있다. 끝까지 해보자." 선포하며 하루하루를 살 수 있는 남편이 되게 하옵소서.

"오늘도 나에게 좋은 일이 일어난다. 걱정하지 않아도 된다." 선포하며 하루하루를 살 수 있는 남편이 되게 하옵소서.

"오늘도 나는 성공할 수 있다. 반드시 승리하는 인생이 될 수 있다." 선포하며 하루하루를 살 수 있는 남편이 되게 하옵소서.

"오늘도 나는 기뻐할 수 있다. 반드시 감사할 수 있다." 선포하며 하루하루를 살 수 있는 남편이 되게 하옵소서.

"오늘도 나는 희망의 사람이 될 수 있다. 행복한 사람이 될 수 있다." 선포하며 하루하루를 살 수 있는 남편이 되게 하옵소서.

"오늘도 나는 실패를 두려워하지 않는다. 끝까지 포기하지 않고 도전한다." 선포하며 하루하루를 살 수 있는 남편이 되게 하옵소서.

주님! 남편이 하루하루를 긍정의 언어를 선포하며 살 때에, 그대로 되게 하시는 축복이 함께하실 것을 믿습니다.

예수님의 이름으로 기도합니다. 아멘

<기회>

기회를 사는
남편이 되게 하소서

형통의 사람으로 세우는 말씀 •
"너희는 뱀 같이 지혜롭고 비둘기 같이 순결하라"(마 10:16)

사랑의 주님!

오늘도 주님을 찬양합니다. 저희 부부를 항상 붙드셔서 온전한 연합을 이루며 살게 하시니 감사드립니다.

주님! 저희의 인생길에 많은 기회가 있다는 것을 깨닫습니다. 사랑하는 남편이 자신의 인생 가운데 찾아오는 기회를 잃지 않는 삶이 되게 하옵소서. 인생 가운데 찾아오는 기회를 얻을 수 있는 것이 얼마나 복된 것인지를 깨닫게 하셔서, 그 기회를 잘 포착할 줄 아는 삶이 되게 하옵소서.

그러나 아무리 좋은 기회도 저절로 오는 것이 아님을 깨닫습니다. 또한 누구에게나 주어지는 것이 아님을 깨닫습니다. 남편이, 자신의 인생에 찾아오는 기회를 얻기 위해 그 기회를 만들어 가는 삶이 되게 하옵소서.

자신에게 주어진 일에 성실한 마음으로 최선을 다하게 하시고, 무슨 일을 하든지 선한 동기와 바른 방법을 가지고 열정적으로 감당할 수 있게 하옵소서.

지식이나 경험을 너무 의지하는 일이 없게 하시고 자신을 너무 과신하는 오만함도 없게 하옵소서.

요행수를 바라지 않게 하시며, 심지 않은 데서 열매를 바라는 어리석음도 없게 하여 주옵소서. 또한, 어렵고 힘들어도 일부러 뒤로 물러나는 삶이 되지 않게 하옵소서.

우리 주님은 기회를 만드는 자에게 반드시 기회를 주시며, 그 기회를 깨닫고 잡을 수 있는 지혜도 주실 줄 믿습니다. 사랑하는 남편이 그 주인공이 되게 하여 주옵소서.

예수님의 이름으로 기도합니다. 아멘

<정직>

정직한 남편이 되게 하소서

형통의 사람으로 세우는 말씀 •

"온전한 사람을 살피고 정직한 자를 볼지어다 모든 화평한 자의 미래는 평안이로다" (시 37:37)

공의로우신 주님!

우리 주님은 정직과 의로움을 사랑하시는 줄 믿습니다. 정직한 자들에게 온갖 선물과 축복을 허락하시는 줄 믿습니다.

주님!

사랑하는 남편을 위해서 기도합니다. 남편이 정직한 사람이 되기를 원합니다.

요즘 세상에, 정직하게 산다는 것이 미련한 모습일 수도 있지만, 진실한 삶은 결코 외면당하지 않는다는 사실을 기억하여 끝까지 정직함으로 자신의 인생을 세워 나갈 수 있는 남편이 되게 하옵소서.

때로는 고통을 받고, 아픔을 겪을 수도 있지

만, 때로는 눈총을 받고, 오해를 불러올 수도 있지만, 때로는 사람들로부터 따돌림을 당하고 비웃음을 받을 수도 있지만, 결국은 정직하게 사는 것이 많은 사람들에게 인정을 받고 사랑과 신뢰를 받을 수 있는 길임을 잊지 말게 하옵소서.

조금 힘들고 어려워도 정직하게 살고자 하는 그 중심이 흔들리지 않게 하시고, 큰 손해를 입게 된다 할지라도, 불의와 타협하거나 스스로를 속이는 일이 없게 하옵소서.

우리 주님은 정직한 자의 반석이 되어 주시고, 산성이 되어 주실 것을 믿습니다. 미래를 열어가는 희망의 사람으로 쓰임 받게 하여 주실 것을 믿습니다.

정직하게 사는 사람 때문에 가정이 복을 받고, 주변이 복을 받는 역사가 있게 하실 것을 믿습니다. 남편이 정직한 삶에서 실패하지 않도록 붙들어 주옵소서.

예수님의 이름으로 기도합니다. 아멘

〈긍정〉

긍정의 남편이 되게 하소서

형통의 사람으로 세우는 말씀
"여호와는 나의 목자시니 내게 부족함이 없으리로다"
(시 23:1)

사랑의 주님!

저희 가정을 보호해 주시고 필요한 것들을 공급해 주심을 감사드립니다. 저희 가정이 항상 주님의 은혜에 감사를 표현하며 살 수 있도록 이끌어 주옵소서.

주님!

사랑하는 남편을 위해서 기도합니다. 매일 반복되는 일상생활 속에서 자신감을 갖고 생활하는 남편이 되게 하옵소서.

인생사 모든 것이 마음먹기에 달렸으니, 항상 마음을 잘 다스리며 긍정의 마음을 품고 살아가는 남편이 되게 하옵소서.

삶이 우리를 속일지라도 의욕을 잃거나 낙

심하는 일이 없게 하시고, 더 나은 내일을 기대하고 소망하는 긍정의 마음을 품고 살아가는 남편이 되게 하옵소서.

무엇을 하든지 적극적으로 최선을 다하게 하시고, 무슨 일을 만나든지 겸손함으로 자신을 돌아보며 오직 주께 감사하는 남편이 되게 하옵소서.

고난 앞에서도 실족하지 않고, 위기 앞에서도 용기를 잃지 않으며, 절망 속에서도 희망의 끈을 놓지 않고 앞을 향하여 달려나가는 남편이 되게 하옵소서.

우리 주님은 자신감을 갖고 긍정의 마음을 품고 사는 자를 통해 미래를 열어가는 축복의 그릇으로 사용하실 것을 믿습니다. 이 시대에 꽉 막힌 것들을 시원하게 할 수 있는 축복의 통로로 사용하실 것을 믿습니다.

예수님의 이름으로 기도합니다. 아멘

〈비교〉

비교하지 않는
남편이 되게 하소서

형통의 사람으로 세우는 말씀 •

"여호와는 나의 목자시니 내게 부족함이 없으리로다 그가 나를 푸른 풀밭에 누이시며 쉴 만한 물가로 인도하시는도다"
(시 23:1,2)

사랑의 주님!

저희 가정을 가장 좋은 포도나무와 같은 가정으로 삼아 주심을 감사드립니다. 항상 주님께 아름다운 열매를 드릴 수 있는 가정이 되게 하옵소서.

주님!

사랑하는 남편을 위해서 기도합니다. 남편이 사회생활을 하면서 다른 사람과 비교하는 습관에 사로잡히지 않게 하옵소서.

다른 사람과 비교하는 습관에 사로잡히면 자신에게 주어진 삶의 가치와 비전도 흔들리게 되고, 상대적인 박탈감에 빠질 수 있다는 것을 기억하게 하옵소서.

더 나아가 열등감에 사로잡혀서 자신이 가야할 길과 인생의 목적을 상실한 채 자괴감에 빠져서 방황할 수 있다는 것을 가슴 깊이 새기게 하옵소서.

주님!

다른 사람의 생활환경과 사회적 지위가 어떻든지, 그것에 마음을 빼앗기지 않고, 스스로의 가치를 인정하며 당당하게 살아가는 남편이 되게 하옵소서.

또한, 다른 사람이 어떤 자랑을 하든지 그것에 동요되지 않는 마음을 허락하시고, 상대방보다 더 우월해지려는 마음도 없게 하옵소서.

어떤 환경에 처하든지, 자신에게 주어진 삶이 가장 소중한 삶임을 인정하며, 그 안에서 기쁨을 찾고 만족과 보람을 찾을 수 있는 남편이 되게 하옵소서.

예수님의 이름으로 기도합니다. 아멘

〈자존감〉

자신을 사랑하는 남편이 되게 하소서

형통의 사람으로 세우는 말씀 •

"그러나 너희는 택하신 족속이요 왕 같은 제사장들이요 거룩한 나라요 그의 소유가 된 백성이니"(벧전 2:9)

사랑의 주님!

한없이 부족한 저희들임에도 불구하고 구원해 주셔서 당신의 자녀로 복 있는 삶을 살게 하시니 감사드립니다. 항상 주님을 기쁘시게 하는 삶이 되게 하옵소서.

주님!

사랑하는 남편을 위해서 기도합니다. 남편에게 자신을 사랑하는 마음을 주옵소서.

남편이 자신을 스스로 무시하거나 하찮게 여기는 일이 없게 하시고, 자신의 인격을 비하시키는 일도 없게 하옵소서. 자신의 형편을 비관하는 일도 없게 하시고, 자신이 하고 있는 일에 대하여 보잘 것 없는 것으로 생각하는 마음도 없게 하옵소서.

주님!

남편이 자신의 존재를 더욱 귀히 여기며 사랑할 수 있게 하시고, 자신이 하고 있는 일에 대해서도 긍지와 보람을 갖게 하옵소서. 어느 누구 앞에서도 기가 죽거나 주눅 드는 일이 없게 하시고, 당당하게 자신의 존재를 밝히며 변호할 수 있는 남편이 되게 하옵소서.

주님!

그 마음으로 다른 사람도 귀하게 여기고 사랑하는 남편이 되기를 원합니다. 다른 사람이 하고 있는 일도 귀하게 여기고 존중하는 남편이 되기를 원합니다. 더 나아가 다른 사람의 아픔과 형편도 헤아리며 품어주고 도울 줄 아는 남편이 되기를 원합니다.

주님!

사랑하는 남편에게 자신을 더욱 사랑하고 귀하게 여기는 마음을 주옵소서.

예수님의 이름으로 기도합니다. 아멘

⟨세월⟩

세월을 아끼는
남편이 되게 하소서

형통의 사람으로 세우는 말씀 •⋯⋯⋯⋯⋯⋯⋯⋯⋯⋯⋯⋯⋯⋯⋯⋯

"세월을 아끼라 때가 악하니라 그러므로 어리석은 자가 되지 말고 오직 주의 뜻이 무엇인가 이해하라" (엡 5:16,17)

하루를 허락하신 주님!

오늘도 저희에게 새날을 주시니 감사합니다. 하루하루를 주님께 드리는 마음으로 살아갈 수 있도록 은총을 더하여 주옵소서.

주님!

사랑하는 남편을 위해서 기도합니다. 시편 기자의 고백대로 세월이 날아가고 있음을 깨닫습니다(시90:10). 남편이 언제나 세월을 아끼는 지혜로운 삶을 사는 사람이 되게 하옵소서.

하나님이 선물로 주신 값진 세월을 허탄한 것을 위하여 낭비하는 어리석음이 없게 하시고, 인생에 주어진 때는 한 번 가면 다시 오지 않음을 깨달아, 때에 맞게 열심을 다하여 사는 남편이 되게 하옵소서.

부지런한 삶을 살되 자신의 욕구만을 충족시키는 것이 아니라, 하나님의 뜻을 앞세운 삶을 사는 남편이 되게 하옵소서.

먹든지 마시든지 무엇을 하든지 하나님의 영광을 위하여 할 수 있는 남편이 되게 하옵소서(고전10:31).

육신과 영혼이 게으르지 아니함으로 언제나 하나님이 도우시는 형통한 인생이 되게 하시고, 때에 맞는 복되고 아름다운 열매를 풍성히 맺을 수 있는 남편이 되게 하옵소서.

주님!

남편으로 하여금 세월을 아끼는 것이 지혜요, 주님 앞에서 복된 인생을 사는 것임을 잊지 않게 하옵소서.

예수님의 이름으로 기도합니다. 아멘

⟨하나님⟩

하나님을
경영자로 모시게 하소서

형통의 사람으로 세우는 말씀
"만군의 여호와께서 경영하셨은즉 누가 능히 그것을 폐하며 그의 손을 펴셨은즉 누가 능히 그것을 돌이키랴" (사 14:27)

　인도하시는 주님!
　언제나 저희 가정을 주님의 은혜로 감싸 주심을 감사드립니다. 항상 주님의 인도하심을 따르는 복된 가정이 되게 하옵소서.
　주님!
　사랑하는 남편을 위해서 기도합니다. 남편이 언제나 하나님을 경영자로 모시고 살아가게 하옵소서. 연약할 때 강함이 되어 주시고, 어려울 때 능력이 되어 주시는 하나님을 경험하는 삶이 되게 하옵소서.
　또한 실패했을 때 힘이 되어 주시고, 도움이 필요할 때 확실한 도움이 되어 주시는 하나님을 경험하는 삶이 되게 하옵소서.

외로울 때 친구가 되어 주시고, 슬플 때에 참된 위로가 되어 주시는 하나님을 경험하는 삶이 되게 하옵소서.

혹, 하는 일이 잘되어 형통할 때에는 하나님께 더 큰 감사를 드릴 수 있는 믿음의 사람이 되게 하시고, 하나님의 나라와 그 의를 위하여 더 많은 물질을 깨뜨릴 수 있는 믿음의 사람이 되게 하옵소서.

선한 사업에 힘쓰고 투자하여 자신의 인생을 경영하시는 하나님을 나타내게 하시고, 하나님이 인생의 기준이 됨을 보여주는 믿음의 사람이 되게 하옵소서.

일평생 하나님을 경영자로 모시고 사는 데 성공하는 남편이 되게 하시고, 최고의 경영자는 하나님 한 분뿐이심을 신앙의 고백으로 남길 수 있는 남편이 되게 하옵소서.

예수님의 이름으로 기도합니다. 아멘

〈재물〉

깨끗한 재물을
사랑하게 하소서

형통의 사람으로 세우는 말씀 •
"의인은 종려나무 같이 번성하며 레바논의 백향목 같이 성장하리로다. 이는 여호와의 집에 심겼음이여 우리 하나님의 뜰 안에서 번성하리로다"(시 92:12,13)

은혜로우신 주님!
저희 가정에 항상 쓸 것을 예비해 주시니 감사드립니다. 때를 따라 부어 주시는 주님의 은혜임을 믿습니다.
주님!
사랑하는 남편을 위해서 기도합니다. 하나님 앞에서 언제나 물질적으로 깨끗한 사람이 되게 하여 주옵소서.
땀 흘리지 않고 얻은 소득을 즐거워하거나, 불의한 방법을 통하여 재물 얻는 것을 기뻐하지 않게 하옵소서. 더 많은 이익을 위해 남에게 아픔을 주는 일이 없게 하시고, 손해를 보지 않기 위하여 남의 가슴에 피멍이 들게 차는 일이 없게 하옵소서.

　아무리 부정과 비리가 범람하는 세상이더라도 법과 원칙을 잘 지키고 뇌물을 사용하거나 세금을 탈루하는 일도 없게 하옵소서.

　또한 사람의 가장 큰 자본은 돈이 아니라 신용임을 잊지 않게 하셔서, 장사를 하든 직장생활을 하든, 신용을 생명처럼 여기며 사는 사람이 되게 하옵소서.

　우리 하나님께서는 이익만을 탐하는 불의한 자보다 정직함을 앞세우며, 깨끗한 재물을 소망하는 자에게 축복의 손길로 함께하여 주심을 믿습니다. 아침 안개와 같이 잠깐 있다가 사라지는 성공이 아니라, 담장 너머로 뻗은 나무처럼 번성하는 은혜가 그치지 않게 하옵소서.

　사랑하는 남편이 재물 앞에서 깨끗한 사람이 되게 하옵소서.

　예수님의 이름으로 기도합니다. 아멘

⟨삶⟩

그날의 삶을
마음에 그리게 하소서

형통의 사람으로 세우는 말씀 •⋯⋯⋯⋯⋯⋯⋯⋯⋯⋯⋯⋯⋯⋯⋯⋯⋯

"나의 영혼아 잠잠히 하나님만 바라라 무릇 나의 소망이 그로부터 나오는도다 오직 그만이 나의 반석이시요 나의 구원이시요 나의 요새이시니 내가 흔들리지 아니하리로다"
(시 62:5,6)

은혜의 주님!

저희로 하여금 하나님을 경외하는 가정이 되게 하시니 감사드립니다. 언제나 하나님을 경배하며 찬양하게 하옵소서.

주님!

사랑하는 남편을 위해 기도합니다. 남편이 그날의 삶을 마음의 화랑에 그리며 사는 삶이 되게 하옵소서.

그날에 하고 싶은 것, 이루고 싶은 것들을 마음으로 그려낼 수 있는 지혜를 주셔서 시간을 허비하지 않는 삶을 살아가게 하옵소서.

마음의 화랑에 그려놓은 것이 지워지지 않도록 지혜를 주시는 주님을 의지하게 하시고,

더욱 주님을 의뢰하는 삶이 되게 하옵소서.

남편이 하루하루를 살면서 마음의 화랑에 그려놓은 대로 이루시는 주님의 선하신 손길을 느끼게 하시고, 주님의 크신 은총과 자비가 자신의 삶 곳곳에 녹아있는 것을 체험하며 사는 삶이 되게 하옵소서.

혹여, 그려놓은 대로 이루어지지 않았다고 주님을 원망하는 일이 없게 하시고, 자신이 그린 그림보다 더 좋은 그림을 예비하고 계시는 주님이심을 깨닫는 은혜가 있게 하옵소서.

또한, 마음의 화랑에 그려놓은 그림을 완성하기 위하여 항상 성실한 땀의 대가를 치루는 것을 게을리 하지 않는 남편이 되게 하옵소서.

예수님의 이름으로 기도합니다. 아멘

〈필요한 사람〉

필요한 사람으로
쓰임 받게 하소서

형통의 사람으로 세우는 말씀

"하나님이 이르시되 그가 나를 사랑한즉 내가 그를 건지리라 그가 내 이름을 안즉 내가 그를 높이리라"(시 91:14)

은혜로우신 하나님 아버지!

저희들을 하나님의 자녀로 삼아 주셔서 복 있는 길을 걸어가게 하심을 감사드립니다. 언제나 주님과 동행하는 삶이 되게 하옵소서.

주님!

사랑하는 남편을 위해서 기도합니다. 남편이 어디서나 꼭 필요한 사람이 되게 하옵소서.

있어서는 안 되는 사람이나 있으나 마나한 사람으로 살지 않게 하옵소서. 꼭 없어서는 안 되는 사람으로 살아가게 하옵소서.

그것이 생각처럼 쉬운 일이 아니겠지만, 꼭 있어야만 하는 사람이 되면 그 한사람 때문에 그가 속한 공동체와 사회가 복을 받게 된다는 것을 기억하게 하옵소서.

주님!

남편이 꼭 있어야만 하는 사람이 되기 위하여 그에 따른 대가도 지불할 수 있게 하옵소서. 자기 발전을 위하여 끊임없이 노력하게 하시고, 모두의 유익을 위하여 자신에게 맡겨진 일에는 최선을 다하여 성실히 감당하게 하옵소서.

도전해볼 만한 가치가 있는 일이라면 실패를 미리 예단하며 망설이지 않게 하시고, 자신감을 가지고 도전할 수 있는 남편이 되게 하옵소서.

주님!

사랑하는 남편이 이 세상에 꼭 있어야만 하는 사람으로 쓰임 받게 하실 것을 믿습니다.

예수님의 이름으로 기도합니다. 아멘

〈실력〉

겸손이 있는
실력을 갖추게 하소서

형통의 사람으로 세우는 말씀

"사람아 주께서 선한 것이 무엇임을 네게 보이셨나니 여호와께서 네게 구하시는 것은 오직 정의를 행하며 인자를 사랑하며 겸손하게 네 하나님과 함께 행하는 것이 아니냐" (미 6:8)

겸손의 본을 보여주신 주님!

저희로 하여금 항상 겸손히 주님을 바라보게 하시니 감사드립니다. 오늘도 겸손히 주를 바라며 하나님의 은혜를 구합니다.

주님!

사랑하는 남편을 위해서 기도합니다. 남편이 항상 겸손이 있는 실력을 갖추게 하옵소서. 교만이 패망의 선봉이라면 겸손은 성공의 선봉임을 잊지 않게 하옵소서.

물이 높은 곳에서 낮은 곳으로 흐를 때, 비로소 큰 힘을 발휘하듯, 실력도 자세를 낮출 때, 비로소 사람들에게 인정을 받는다는 것을 잊지 않게 하옵소서.

실력 있는 자의 겸손처럼 아름답고 훌륭한 것이 없다는 것을 기억하여 항상 겸손으로 자신의 실력을 키우는 사람이 되게 하옵소서.

또한 성공하기를 원한다면 실력은 높이고 자세는 낮추는 연습을 계속하게 하시고, 꾸준히 겸손을 훈련하고 겸손을 연습할 수 있게 하옵소서.

주님!

남편이 겸손이 있는 실력자로 세상을 아름답게 하고, 사람들을 행복하게 하는 사람이 되게 하옵소서.

주님!

사랑하는 남편이 하나님을 아는 겸손과 세상을 이끌 실력을 갖춘 사람이 되기를 원합니다.

예수님의 이름으로 기도합니다. 아멘

〈다스림〉

실패를
다스릴 수 있게 하소서

형통의 사람으로 세우는 말씀 •
"대저 의인은 일곱 번 넘어질지라도 다시 일어나려니와 악인은 재앙으로 말미암아 엎드러지느니라." (잠 24:16)

사랑과 평화의 주님!

저희 가정에 주님의 평안이 깃들게 하시니 감사드립니다. 항상 주님이 채우시는 평안 속에서 감사하며 사는 가정이 되게 하옵소서.

주님!

사랑하는 남편을 위해서 기도합니다. 남편이 실패할지라도 다시 일어설 수 있는 사람이 되게 하옵소서.

인생을 살다보면 원치 않는 실패를 여러 번 경험하게 될 것인데, 그때마다 주저앉거나 좌절하지 않게 하시고, 다시 일어설 수 있는 의지와 용기를 갖게 하옵소서. 많은 실패를 할 시라도 그것을 실패로 보지 않게 하시고, 선공을 위한 좋은 경험과 자양분으로 볼 수 있는 시각을 갖게 하옵소서.

과거나 현재나 실패를 경험하지 않고 사는 사람은 한 사람도 없음을 기억하게 하셔서, 그 실패를 딛고 일어선 사람들이 시대를 움직인 사람들이 되었다는 것을 잊지 말게 하옵소서.

성경에 나오는 수많은 믿음의 사람들도 실패를 통해서 주님의 섭리를 깨닫게 되고, 주님을 더 가까이하며, 주님께 쓰임 받는 복 있는 사람이 되었다는 것을 잊지 말게 하옵소서.

실패는 엄청난 고통을 주기도 하지만, 자신을 더욱 강하고 진실하며 겸손하게 만드는 스승도 됨을 잊지 않게 하옵소서.

사랑하는 남편이 실패를 잘 다스릴 수 있는 사람이 되어서 주님께 꼭 필요한 사람으로, 시대를 주도해 나가는 사람으로 쓰임 받을 수 있게 하옵소서.

예수님의 이름으로 기도합니다. 아멘

<가치>

행복의 가치를 알게 하소서

형통의 사람으로 세우는 말씀
"네가 내 눈에 보배롭고 존귀하며 내가 너를 사랑하였은즉 내가 네 대신 사람들을 내어주며 백성들이 네 생명을 대신하리니" (사 43:4)

복의 근원이 되시는 주님!

저희 가정을 축복하셔서 행복을 세워 가게 하시니 감사드립니다. 주님의 은총 아래에서 행복한 가정을 이룰 수 있게 하옵소서.

주님!

사랑하는 남편을 위해서 기도합니다. 남편이 행복의 가치를 아는 사람이 되기를 원합니다.

행복은 얼마나 많이 소유했느냐에 달려 있는 것이 아니라, 얼마나 가치 있는 존재가 되느냐에 달려 있음을 깨닫는 남편이 되게 하옵소서.

그러므로 나라고 하는 존재를 정말 훌륭하

고 가치 있는 존재로 만들어 가기 위하여, 투자하고 끊임없이 노력하는 남편이 되기를 바랍니다.

주님!

소유 자체에 행복을 두는 인생은 그 소유가 사라지면 행복도 사라진다는 것을 역사가 보여주고 있습니다. 그러므로 사랑하는 남편이 자신 스스로 좋은 사람이 되기 위하여 마음을 쏟아 노력하는 지혜를 갖게 하옵소서.

사람다움에서 행복의 맛이 나오고, 사람다움에서 진정한 아름다움이 나오고, 사람다움에서 다른 사람의 행복에 도움을 줄 수 있다는 것을 기억하게 하옵소서.

주님!

사랑하는 남편이, 행복을 자기 자신의 존재의 가치에 두게 하실 것을 믿습니다.

예수님의 이름으로 기도합니다. 아멘

〈운전〉

운전대를 붙들어 주소서

형통의 사람으로 세우는 말씀 •••••••••••••••••••••••••••••••••

"여호와께서 너를 지켜 모든 환난을 면하게 하시며 또 네 영혼을 지키시리로다" (시 121:7)

언제나 지켜 주시는 주님!

주님은 사랑하는 백성들을 위하여 졸지도 아니하시고 주무시지도 아니하시면서 지켜 주시는 하나님이심을 믿습니다.

주님!

사랑하는 남편을 위해 기도합니다. 남편의 운전하는 손을 붙들어 주옵소서. 언제 어느 곳에서 어떤 사고가 일어날지 모르는 위험부담을 늘 안고 운전하고 있습니다. 하루에도 수없이 많은 교통사고가 발생하는 것을 볼 때에 남편의 안전을 위하여 기도하지 않을 수 없습니다.

주님!

주님이 친히 운전자가 되어 주셔서 모든 위험으로부터 막아주시고, 모든 운전자들이 안전운행을 할 수 있도록 그 마음을 주장하여 주옵소서. 남편이 때로는 졸음운전을 할 때도 있사오니, 운전 중에 눈이 감기지 않도록 정신을 맑게 하여 주옵소서.

특별히 운전을 하기 전에 기도를 잊지 않게 하시며, 운전을 마친 후에도 감사의 기도를 잊지 않게 하여 주옵소서.

주님은 택한 백성을 사랑하시되 끝까지 사랑하고 계심을 믿습니다. 모든 염려를 주님께 맡기라고 하셨사오니, 주님께 맡기고 마음의 평안을 얻을 수 있게 하옵소서.

주님!

언제나 사랑하는 남편의 운전대를 친히 잡고 계시는 줄 믿습니다.

예수님의 이름으로 기도합니다. 아멘

<안전>

모든 위험으로부터 막아주소서

형통의 사람으로 세우는 말씀 •

"여호와는 너를 지키시는 이시라 여호와께서 네 오른쪽에서 네 그늘이 되시나니 낮의 해가 너를 상하게 하지 아니하며 밤의 달도 너를 해치지 아니하리로다" (시 121:5,6)

사랑의 주님!

언제나 저희 가정을 보호하여 주심을 감사드립니다. 항상 저희 가정을 주님의 날개 아래 품어 주시옵소서.

주님! 사랑하는 남편을 위해 기도합니다. 세상이 험악하여 언제 어떻게 위험한 일이 닥칠지 알 수 없는 하루하루를 살고 있습니다. 곳곳마다 위험이 도사리고 있고, 시시때때로 생명의 위협을 받고 있습니다.

주님! 남편의 신변에 어떤 위험한 일이 닥치는 것은 아닌지, 걱정이 앞설 때가 많습니다. 믿음이 연약한 저를 긍휼히 여기셔서 남편을 모든 위험으로부터 막아주시고 보호하여 주시기를 원합니다. 항상 주님의 불꽃 같은 눈동자로 살펴 주시고, 사방으로 우겨쌈을 당하는 일이 없도록 지켜 주시옵소서.

정말 일어나지 말아야 할 일이지만, 또한 일어나서도 안 될 일이지만, 남편이 원치 않는 위험한 상태에 놓이게 되거든 당황하거나 놀라지 않게 하여 주시고, 도우시는 주님께 지혜를 구함으로 위기의 순간을 잘 헤쳐 나갈 수 있게 하여 주옵소서.

우리 주님은 사랑하는 당신의 자녀를 지키시고 보호하시는 분이심을 믿습니다. 그 생명을 모든 위험으로부터 건지시는 하나님이신 것을 믿습니다. 생명의 면류관으로 관을 씌우시고 좌편과 우편을 성령의 화염검으로 두르시는 하나님이신 것을 믿습니다.

주님! 남편을 언제나 주님의 날개 아래 품어 주시옵소서.

예수님의 이름으로 기도합니다. 아멘

⟨건강⟩

건강을 붙들어 주소서

형통의 사람으로 세우는 말씀 •

"그것은 얻는 자에게 생명이 되며 그의 온 육체의 건강이 됨이니라 모든 지킬 만한 것 중에 더욱 네 마음을 지키라 생명의 근원이 이에서 남이니라" (잠 4:22,23)

생명의 근원이 되시는 주님!

저희 가정이 언제나 건강한 육체로 주님을 기쁘시게 할 수 있는 생활을 할 수 있도록 인도하여 주옵소서.

주님!

사랑하는 남편의 건강을 위해서 기도합니다. 남편이 늘 피곤에 지친 생활을 하고 있습니다. 자신에게 맡겨진 업무를 감당하다 보니 자신의 몸을 돌볼 겨를이 없는 것 같습니다.

주님!

직장 업무에 시달리는 남편을 긍휼히 여겨 주옵소서. 가정의 생계를 책임져야만 하는 가장의 무거운 어깨를 보호해 주시기를 원합니다. 직장에서 일할 때 스트레스를 받지 않게 하시고, 동료들과의 갈등도 없게 하여 주옵소서. 스트레스와 피로가 누적되어 육체적인 질병으로 이어지는 일이 없기를 원합니다.

주님!

남편에게 자신의 건강을 잘 관리할 수 있는 지혜를 주옵소서. 직장에서도 틈나는 대로 운동할 수 있게 하시고, 피곤할 때는 요령껏 쉴 수 있는 공간을 찾을 수 있게 하옵소서. 또한 스트레스를 받지 않게 건강한 가치관을 세워 나갈 수 있게 하시고, 동료들과도 성숙한 관계를 이루도록 마음을 다스려 나갈 수 있게 하옵소서.

주님!

남편이 자신의 몸을 잘 지키는 청지기가 되기를 원합니다. 정신과 육체의 건강을 잃어버리지 않도록 붙들어 주옵소서.

예수님의 이름으로 기도합니다. 아멘

〈힘든 직업〉

고생하는 남편에게 힘을 주소서

형통의 사람으로 세우는 말씀 •

"아내들이여 자기 남편에게 복종하기를 주께 하듯 하라 이는 남편이 아내의 머리됨이 그리스도께서 교회의 머리됨과 같음이니 그가 바로 몸의 구주시니라" (엡 5:22,23)

사랑의 주님!

가장의 책임을 다하고 있는 성실한 남편을 주심을 감사합니다. 또한 한 남자의 아내로서 서로 사랑하고 존경하며 행복한 가정을 세워갈 수 있도록 이끄심을 감사합니다.

하지만 주님!

저에게는 사랑하는 남편을 위한 가슴 저미는 기도의 제목이 있습니다. 하루 종일 힘든 일과 씨름하는 남편을 생각할 때, 너무나 안쓰럽고 측은하여 눈물이 솟구칠 때가 많습니다. 그래도 힘든 내색 한 번 비추지 않고, 가정을 든든히 세우려고 힘쓰는 남편이 너무나 자랑스럽지만, 고생하는 남편을 볼 때 아내로서 미안한 마음을 감출 길 없습니다.

　주님!

　한 가정의 가장으로서 가족을 부양해야 한다는 책임감을 가지고 쉴 틈 없이 열심히 일하는 남편을 기억하시고, 새 힘을 더하여 주옵소서. 건강을 잃지 않도록 도와주시고 심한 스트레스를 받지 않도록 그 생각을 항상 맑게 하여 주옵소서.

　주님을 의지하는 삶의 중심이 흔들리지 않게 하시고, 주님을 의뢰하는 마음이 언제나 그 중심에 넘치게 하옵소서. 아내인 저도 남편을 위하여 늘 기도하게 하시고, 내조를 잘하도록 은총을 더하여 주옵소서.

　저희 가정이 물질의 풍족함은 누리지 못한다 할지라도, 사랑의 풍족함은 누릴 수 있는 가정이 되게 하여 주옵소서. 저희 가정을 붙들고 계시는 주님을 찬양합니다.

　예수님의 이름으로 기도합니다. 아멘

<승진>

승진의 복을 허락하소서

형통의 사람으로 세우는 말씀 •

"여호와는 가난하게도 하시고 부하게도 하시며 낮추기도 하시고 높이기도 하시는도다" (삼상 2:7)

사랑의 주님!

저희에게 가장 좋은 것으로 주시기를 원하시며, 오늘도 장래에도 저희에게 최선이 되어 주실 주님께 감사와 찬양을 드립니다.

주님!

사랑하는 남편을 위해서 기도합니다. 남편에게 승진의 복을 허락하여 주옵소서. 오래도록 직장생활을 했는데, 번번이 승진 대상에서 누락되고 있습니다. 남편이 받는 고통과 스트레스가 얼마나 크겠습니까? 집에 있으면 입버릇처럼 말하는 것이 회사를 옮기고 싶다는 것입니다.

정말 회사를 사랑하고 주어진 업무에 최선

을 다한 것 같은데, 승진 대상에서 번번이 누락되니 솔직히 저도 속이 상합니다.

주님!

취직하기도 어려운 세상인데 남편이 회사를 그만두면 사실 갈 곳도 마땅치 않습니다. 다른 무엇보다도 남편이 자신의 무능함을 비관하며 자학하는 것은 아닐까 염려됩니다.

주님!

그의 상하고 상처 난 마음을 어루만져 주시고, 무너진 자존감을 회복시켜 주옵소서. 다음번에는 반드시 승진의 기회가 주어질 것이라는 믿음을 가지고 조금 더 참고 인내할 수 있게 하옵소서.

우리 주님은 합력하여 선을 이루시는 분이심을 믿습니다. 저희 가정에 더 큰 기쁨을 주시기 위해서 이런 아픔도 겪게 하시는 줄 믿습니다. 주님께 영광 돌릴 수 있도록 축복하여 주옵소서.

예수님의 이름으로 기도합니다. 아멘

⟨운영⟩

가게를 잘 운영하게 하소서

형통의 사람으로 세우는 말씀 •

"또 천국은 마치 좋은 진주를 구하는 장사와 같으니 극히 값진 진주 하나를 발견하매 가서 자기의 소유를 다 팔아 그 진주를 사느니라" (마13:45,46)

사랑이 많으신 하나님 아버지!

저희 가정을 축복하셔서 생업을 이어갈 수 있는 가게를 운영하게 하시니 감사드립니다. 그동안 이 가게의 터전을 마련하기 위하여 힘든 과정이 있었지만, 믿음으로 잘 이겨낼 수 있게 하시고, 이처럼 좋은 믿음의 결과를 보게 하시니 감사드립니다.

주님!

남편이 가게의 운영을 맡고 있습니다. 남편이, 이 가게의 주인은 주님이심을 잊지 않기를 원합니다. 남편에게 정직과 진실함으로 이 가게를 운영해 나갈 수 있도록 지혜를 더하여 주시고, 주님을 섬기는 백성임을 늘 의식하며

이 가게를 잘 운영할 수 있게 하옵소서. 이 일도 하나님이 주신 귀한 성직임을 깨닫게 하셔서 이곳을 통하여 영적인 열매도 풍성히 맺을 수 있도록 하옵소서.

수고의 열매 가운데 주님의 것은 정직히 구별하여 주님께 드릴 수 있게 하시고, 주일을 범하는 일이 없게 하시며, 주님의 날은 주님께 온전히 돌릴 수 있도록 이끌어 주옵소서.

주님!

남편이 가게를 운영하다 보면 어려움도 만나게 될 것입니다. 그때마다 좌절하지 않고 주님께 더 가까이 나아가 부르짖을 수 있는 믿음이 되게 하여 주옵소서.

우리 주님이 이 가게를 형통하게 하실 것을 믿습니다. 날마다 수고에 합당한 열매를 얻게 하시고 아름다운 소문이 잘나게 하여 주셔서 손님의 발걸음이 끊이지 않는 생업이 되게 하실 것을 믿습니다.

예수님의 이름으로 기도합니다. 아멘

<창업>

주님이 받으시는 사업이 되게 하소서

형통의 사람으로 세우는 말씀 •⎯⎯⎯⎯⎯⎯⎯⎯⎯⎯⎯⎯⎯⎯⎯⎯⎯⎯⎯

"너희 행사를 여호와께 맡기라. 그리하면 네가 경영하는 것이 이루어지리라." (잠16:3)

복의 근원이신 하나님 아버지!

사랑하는 남편이 새로운 사업을 시작하게 되었습니다. 새롭게 시작하는 남편의 사업을 주님이 굳게 붙드시고, 반석 위에 든든히 세워 주시옵소서. 남편이 사업을 경영하는 동안 자신의 경험과 실력보다 주님의 지혜를 더 의지하게 하시고, 주님께 모든 것을 맡길 수 있게 하옵소서. 세상 사람들은 지식과 경험과 인맥으로 사업을 하겠지만, 그리스도인들은 주님을 의지하는 무릎으로 하는 것임을 보여 주는 남편이 되게 하옵소서.

주님!

사업을 경영할 때에 물질관이 철저해야만

주님께서 복을 내려 주심을 깨닫습니다. 남편이 사업을 경영하면서 물질로 범죄하는 일이 없게 하시고, 깨끗하고 정직한 경영을 주님께 보여 드릴 수 있게 하옵소서.

주님께 드릴 물질과 운영에 필요한 물질을 잘 구별할 수 있게 하시고, 소득보다 주님이 받으실 영광을 먼저 생각하는 남편이 되게 하옵소서.

주님!

사업을 하다 보면 뜻하지 않은 난관에 부딪치거나 어려움도 찾아올 것인데, 그때마다 합력하여 선을 이루시는 주님을 바라보며 담대히 나아갈 수 있게 하여 주옵소서.

남편이 경영하는 사업도 주님이 주신 성직인 줄 믿습니다. 항상 기도로 시작하고, 기도로 마무리할 수 있게 하시고, 한 주를 시작하는 첫날은 꼭 예배를 드릴 수 있게 하옵소서. 남편의 사업을 형통의 길로 이끄실 것을 믿습니다.

예수님의 이름으로 기도합니다. 아멘

〈경영〉

주님이 이끄시는
경영이 되게 하소서

형통의 사람으로 세우는 말씀 •
"마음의 경영은 사람에게 있어도 말의 응답은 여호와께로서 나느니라" (잠 16:1)

광야에서 물이 솟게 하시고 사막에서 시내가 흐르게 하시는 주님!(사35:6,7).

남편의 사업을 기억하시고 붙들어 주옵소서. 남편의 사업을 주님의 강하신 팔로 붙드셔서 악한 권세가 틈타지 않게 하시고, 언제나 형통의 길로 인도하시는 주님의 은총을 덧입게 하옵소서.

시간이 지날수록 더 나은 결과를 얻게 하셔서 매 순간 사업을 이끌고 계시는 주님의 손길을 체험하게 하옵소서.

주님!

이 사업장에 속한 직원들도 기억하여 주셔서 안전사고가 일어나지 않도록 모든 위험으로부터 막아 주시고, 주인의식을 가지고 자신에게 맡겨진 업무에 충실하도록 하여 주옵소서. 직원들 간에도 화목하도록 하시고 서로의 애로사항을 살피며 도울 수 있는 가족과 같은 친밀함이 있게 하옵소서.

경영자와 직원들 간에도 불협화음이 없도록 모든 불의로부터 막아주시고, "너의 행사를 여호와께 맡기라"(잠16:3)고 하셨으니 항상 하나님께 맡기는 겸손의 모습이 경영하는 남편에게서 떠나지 않게 하옵소서.

사업의 이윤을 선한 일에 투자할 수 있게 하셔서 주님의 마음을 보여 주는 사업이 되게 하시고, 이 세상에 빛과 소금의 역할을 넉넉히 감당하게 하옵소서.

이 사업을 경영하시고 이루시는 분은 주님이심을 믿습니다.

예수님의 이름으로 기도합니다. 아멘

상한 갈대를 꺾지 아니하며
꺼져가는 심지를 끄지 아니하기를
심판하여 이길 때까지 하리니

마태복음 12장 20절

2부

남편을 회복의 사람으로 세우는
아내의 무릎기도문

〈구원〉

주님을
영접할 수 있게 하소서

회복의 사람으로 세우는 말씀 •

"이방인들이 듣고 기뻐하여 하나님의 말씀을 찬송하며 영생을 주시기로 작정된 자는 다 믿더라" (행 13:48)

구원의 주님!

저희의 모든 죄악과 저주를 십자가로 구속하시고, 구원과 참 자유를 주신 주님의 은혜를 찬양합니다.

주님! 사랑하는 남편을 위해서 기도합니다.

남편이 아직 주님을 영접하지 않아서 너무나 마음이 무겁고 안타깝습니다. 남편의 영혼을 놓고 매일 눈물로 기도합니다.

마치 성경의 한나처럼 마음을 쏟아 기도하기를 쉬지 않고 있으니, 불쌍히 여기시고 긍휼을 베풀어 주옵소서. 구원받지 못한 남편을 생각할 때마다, 마음으로 파고드는 영적인 부담이 너무나 큽니다.

주님! 남편도 구원받은 하나님의 자녀로 은총을 누리며 살 수 있도록 은혜를 베풀어 주옵소서. 주님을 영접할 수 있게 하시고, 구원을 아는 진리에 이를 수 있도록 축복하여 주옵소서.

제게는 지금 남편의 구원이 가장 큰 기도제목이요, 가장 큰 소원입니다. 아이들도 아빠의 구원을 위하여 간절히 기도하고 있습니다. 저희 두 사람이 한 자리에서 주님의 이름을 찬양하고 영광 돌릴 수 있도록 축복하여 주옵소서. 주님을 부인하던 남편의 입술이 변하여 구주이신 주님을 고백할 수 있게 하여 주옵소서.

주님! 저희 가정을 구원의 반열에서 버리지 않으심을 믿습니다. 저희 남편도 만세 전부터 택하신 주님의 자녀임을 믿습니다. 한 믿음 안에서 천국을 향하여 달려가는 축복의 가정으로 세워 주옵소서.

예수님의 이름으로 기도합니다. 아멘

⟨결단⟩

담배와 술을
끊을 수 있게 하소서

회복의 사람으로 세우는 말씀 •⋯⋯⋯⋯⋯⋯⋯⋯⋯⋯⋯⋯

"너희 몸은 너희가 하나님께로부터 받은바 너희 가운데 계신 성령의 전인 줄을 알지 못하느냐 너희는 너희의 것이 아니라" (고전 6:19)

긍휼이 풍성하신 하나님 아버지!

미물만도 못한 저희들에게 천하보다 귀한 사랑을 쏟아 부으셔서 주님의 귀한 자녀로 삼아 주시고, 천국을 소유한 주님의 백성으로 살게 하시니 그 크신 은혜에 감사와 영광을 돌립니다.

주님! 사랑하는 남편을 위해서 기도합니다. 남편이 아직 끊어야 할 것을 끊지 못하여 성숙한 신앙생활을 하지 못하고 있습니다. 그도 끊어 보려고 결심하고 노력은 하고 있지만, 의지가 약하여 다시 그 마음을 사단에게 내어 주고 있습니다.

주님! 인간의 의지와 힘으로는 죄를 이기지

못하고 끌려갈 수밖에 없으니, 남편에게 성령 충만을 허락하여 주옵소서. 성령의 충만함을 받아 몸속에 인이 박여버린 잘못된 악한 습관을 단호히 끊어버릴 수 있게 하시고, 더 이상 하나님과 사람 앞에서 양심을 속이는 신앙생활을 하지 않게 하여 주옵소서.

주님! 저희의 몸은 성령이 거하시는 신령한 전이 아닙니까? 잘못된 습관 때문에 주님의 전을 더럽히는 신앙생활이 되지 않게 하여 주시고, 주님의 마음을 아프게 하는 불의의 병기가 되지 않게 하여 주옵소서.

남편이 하루빨리 옛 생활을 정리하여 주님께 의의 병기로 충성을 다할 수 있는 귀한 그릇이 되기를 원합니다. 하나님 앞에서나 사람 앞에서 신실한 신앙인으로 인정받을 수 있는 아름다운 주님의 사람이 되기를 원합니다. 성령께서 도와주시옵소서.

예수님의 이름으로 기도합니다. 아멘

〈중독〉

스마트폰에 중독되지 않게 하소서

회복의 사람으로 세우는 말씀

"여호와여 주의 도를 내게 가르치소서 내가 주의 진리에 행하오리니 일심으로 주의 이름을 경외하게 하소서"
(시 86:11)

사랑의 주님!

사랑하는 남편을 위해서 기도합니다. 남편이 스마트폰을 너무 좋아합니다. 손에서 스마트폰이 떨어지지 않습니다. 남편에게 유일한 취미가 있다면, 그것은 스마트폰을 만지는 것입니다. 게임이나 나쁜 것에 현혹되지 않도록 매번 잔소리하고 있지만, 아예 들을 생각도 하지 않습니다.

주님!

어찌할 수 없는 시대적 흐름이라지만, 문명의 이기에 가정의 정서를 방임할 수는 없습니다.

주님!

남편이 지나치게 스마트폰에 몰입하시 않

도록 도와주옵소서. 스마트폰이 중심이 아니라, 가정이 중심이 될 수 있도록 이끌어 주시고 스마트폰에만 관심을 갖는 것이 아니라, 아내와 아이들에도 관심을 가질 수 있도록 붙들어 주옵소서.

가정을 귀하게 여기고, 가정에 애정을 쏟으며, 가족과 함께하는 즐거움을 느낄 수 있는 남편이 되게 하여 주옵소서.

주님!

남편의 인격이 한낱 기계에 의해서 파괴되는 일이 없기를 원합니다. 스마트폰에 중독되지 않기를 원합니다. 남편의 영혼이 사단의 올무에 걸려 넘어지지 않도록 보호하여 주시고 가정을 사랑하고, 가족을 인하여 기뻐하는 남편이 되게 하여 주옵소서.

주님의 도우심을 바라봅니다.

예수님의 이름으로 기도합니다. 아멘

<방황>

방황을 멈추게 하소서

회복의 사람으로 세우는 말씀 •
"내가 산을 향하여 눈을 들리라 나의 도움이 어디서 올까 나의 도움은 천지를 지으신 여호와에게서로다" (시 121:1,2)

사랑의 주님!

사랑하는 남편이 방황하고 있습니다. 우리에 있는 아흔아홉의 양보다 길 잃은 한 마리의 양을 불쌍히 여기시며 찾고 계시는 주님이심을 믿습니다.

주님! 남편이 방황하는 것은 저에게도 책임을 있음을 깨닫습니다. 남편이 가까이 있을 때, 따뜻한 관심을 보이지 않았던 이 죄인을 용서하여 주옵소서. 가정을 통하여 안식과 안정을 찾지 못하고 밖으로만 떠도는 남편을 생각할 때마다 가슴이 몹시 시리고 아파옵니다.

주님! 방황하는 남편을 불쌍히 여겨 주옵소서. 한없는 주님의 사랑으로 그 영혼을 덮으셔서 그 마음의 완악함이 사라지게 하시고, 그 어두운 영혼에 밝은 빛을 비추셔서 흑암의 세력으로부터 건져 주옵소서.

주님! 남편의 눈을 열어 주셔서 지금, 자신이 방황하며 헤매고 있는 곳이, 결코 바른 곳이 아님을 보게 하옵소서. 멸망의 길이요, 사망의 길임을 깨달을 수 있게 하옵소서.

멀어진 신앙생활도 다시금 회복하게 하시고, 가정에서도 예전과 같이 남편의 자리, 아빠의 자리를 회복하게 하옵소서.

아이들이 직접적인 표현은 안 하고 있지만, 아빠를 많이 걱정하고 있는 것 같습니다. 아이들의 정서를 불안하게 하는 것 같아 마음이 너무나 무겁습니다. 안 좋은 영향이 미치지는 않을지 걱정이 앞섭니다.

주님! 다시 한 번 구하오니, 남편이 발길을 돌릴 수 있도록 그 마음을 움직여 주옵소서.

예수님의 이름으로 기도합니다. 아멘

〈취업〉

취업의 문을 열어주소서

회복의 사람으로 세우는 말씀
"주의 말씀대로 나를 붙들어 살게 하시고 내 소망이 부끄럽지 않게 하소서" (시 119:116)

사랑의 주님!

사랑하는 남편의 취업을 위해서 기도합니다. 취업의 문을 두드린 지 오랜 시간이 지났는데도, 아직도 일자리를 구하지 못하고 있습니다. 여기저기 일자리를 구하며 열심히 찾고 있지만, 본인이 원하는 직장을 찾지 못하고 있습니다.

주님! 큰 직장을 바라는 것도 아닙니다. 급여를 많이 주는 곳을 원하는 것도 아닙니다. 단지, 자신의 능력과 적성을 살려서 성실하게 일할 수 있는 일터를 원하고 있습니다.

주님! 남편이 일할 수 있을 때에, 일을 할 수 있도록 도와주옵소서. 나름대로 보람을 느끼며, 수고의 대가를 얻을 수 있는 길을 열어 주시기 원합니다. 제 할 일을 찾지 못하여, 자괴감에 빠지고 자포자기할까 걱정이 앞섭니다.

주님! 변변한 직장이 없으니 교회 가는 것도 힘들어 하고 있습니다. 아직, 어린아이 같은 믿음의 단계라서 넘어지기 쉽고 상처받기 쉬운데, 아예 교회를 멀리하게 되는 것은 아닐지 염려가 앞섭니다.

주님!

잘할 수 있는 남편입니다. 성실한 남편입니다. 자신의 능력을 발휘하여 회사에 유익을 줄 수 있는 남편입니다. 일할 수 있는 직장을 허락하여 주옵소서. 그리하여 건강한 사회생활, 성장하는 신앙생활을 할 수 있도록 도와주옵소서. 남편의 입술을 통해서도 주님의 은혜를 표현할 줄 아는 진실한 고백이 흘러나올 수 있기를 원합니다.

예수님의 이름으로 기도합니다. 아멘

<치료>

질병을 치료하여 주소서

회복의 사람으로 세우는 말씀 •

"예수께서 들으시고 가라사대 이 병은 죽을병이 아니라 하나님의 영광을 위함이요 하나님의 아들이 이로 말미암아 영광을 받게 하려 함이라 하시더라"(요 11:4)

치료하시는 하나님 아버지!

사랑하는 남편을 위해서 기도합니다. 남편에게 뜻하지 않는 질병이 찾아왔습니다. 질병의 경중을 떠나서 가장이 병석에 누워있을 것을 생각하니 제 마음도 몹시 불안하고 낙심이 됩니다.

그러나 제가 섬기는 하나님은 합력하여 선을 이루시는 하나님이심을 믿습니다. 화가 변하여 복이 되게 하시는 하나님이심을 믿습니다. 이럴 때일수록 제 믿음이 흔들리지 않도록 성령 충만을 허락하여 주옵소서.

특별히 구하는 것은 남편이 질병 앞에서 낙심하거나 실족하지 않는 것입니다. 주께서 그 마음을 굳게 붙들어 주옵소서. 이럴 때일수록 약해지거나 흔들리지 않도록 성령의 능력으로 그 마음을 다잡아 주옵소서.

주님! 질병 가운데 있을 때, 건강할 때 만나지 못했던 하나님을 만날 수 있게 하여 주시고, 욥이 질병을 통하여 귀로만 듣던 하나님을 눈으로 보는 은혜를 체험했듯이, 저와 남편도 그와 같은 주님의 은혜를 체험할 수 있게 하여 주옵소서.

주님! 지금의 질병으로 오랜 시간 동안 시달리지 않게 하실 것을 믿습니다. 예수의 피로 깨끗함을 받게 하여 주실 것을 믿습니다. 반드시 낫게 하셔서 이전보다 더 건강한 몸으로 축복하실 것을 믿습니다. 치료하시는 하나님을 소리 높여 찬양할 수 있도록 이끄실 것을 믿습니다. 구원하시는 주님의 능력을 간절히 의지합니다.

예수님의 이름으로 기도합니다. 아멘

<질병>

중병을 치료하여 주소서

회복의 사람으로 세우는 말씀 •

"하나님이여 사슴이 시냇물을 찾기에 갈급함같이 내 영혼이 주를 찾기에 갈급하니이다" (시 42:1)

치료하시는 주님!

사랑하는 남편을 위해서 기도합니다. 남편이 질병의 고통 속에서 신음하며 괴로워하고 있습니다. 매일 반복되는 병상의 생활에 지쳐가고 있습니다. 이렇게라도 남편의 생명의 줄이 끊어지지 않고 있다는 것이 감사하지만, 이렇게 살 바에야 죽는 것이 더 낫다는 남편의 말을 들을 때면, 제 연약한 마음도 철렁 내려앉습니다.

주님! 아시죠? 얼마나 괴롭고 힘들면 그런 무서운 말을 서슴없이 내뱉겠습니까? 제 얼굴을 물끄러미 바라보며 두 눈이 붉어지는 남편을 볼 때면, 저도 눈물이 울컥 솟구칩니다.

주님! 저희 부부에게는 매일 이런 생활이 반복되고 있습니다. 매일 눈물로 밥을 삼고 있습니다. 조금이라도 남편의 고통을 나누어 졌으면 하는 마음이 간절합니다. 오히려 제가 대신 아팠으면 좋겠다는 마음이 뼛속을 파고 듭니다. 아프지 않은 제가 병상의 남편을 볼 때마다 왜 이리도 미안한지요.

주님! 이대로 단념하고 포기해야만 하는 것일까요? 꺼져가는 남편의 생명을 그냥 우두커니 지켜보고 있어야만 하는 것일까요?

다시 소생할 수 있는 길은 전혀 없는 것인가요? 의사의 진단이 하나님의 진단은 아니잖아요? 사람으로서 손쓸 수 없는 마지막이 하나님이 손을 대실 수 있는 시작이잖아요?

주님! 살려주세요. 제 평생에 주님께 바라는 최대의 소원이자 마지막 소원입니다. 지체하지 마옵소서.

예수님의 이름으로 기도합니다. 아멘

〈수술〉

주님이 직접 수술하여 주소서

회복의 사람으로 세우는 말씀 •

"여호와는 나의 힘과 방패이시니 내 마음이 그를 의지하여 도움을 얻었도다 그러므로 내 마음이 크게 기뻐하며 내 노래로 그를 찬송하리로다.(시 28:7)

긍휼을 베푸시는 주님!

오늘 사랑하는 남편이 수술을 합니다. 남편이 수술에 들어가기 전에, 먼저 수술의 전 과정을 주님께 맡기기 위하여 기도합니다. 한 생명을 천하보다도 귀하게 보시는 주님이시기에, 주님이 불꽃 같은 눈동자로 지켜 주실 것을 믿습니다.

어려운 수술이 되지 않도록 모든 위험으로부터 막아 주시고, 긴 시간이 소요되지 않도록 주님께서 온전히 주장하여 주옵소서. 연약한 인간인지라 왠지 모를 불안이 밀려옵니다. 특히 수술대에 오르는 남편의 마음에 공포심을 잠재워 주시고 평안을 더하여 주옵소서.

주님! 수술의 전 과정은 주님이 직접 집도하시는 것이오나, 사람을 도구로 사용하시는 것이오니 의사의 마음과 생각을 굳게 붙들어 주옵소서. 가벼운 마음으로 수술에 임하지 않게 하시고, 생명을 살려야 한다는 절박한 사명감을 가지고 수술에 임할 수 있게 하여 주옵소서.

또한 병의 뿌리를 정확히 찾아내어 제거하게 하시고, 수술을 집도하는 또 다른 손이 자기와 함께하고 있음을 느낄 수 있게 하옵소서.

이번 수술이 잘 이루어져 저와 남편은 물론 아이와 모든 가족들이, 생명을 지키시는 주님을 더 크게 찬양할 수 있게 하시고, 더 큰 감사와 감격으로 주님의 보좌를 향할 수 있게 하옵소서. 주님이 생명의 주인이심을 믿습니다.

예수님의 이름으로 기도합니다. 아멘

<갑작스런 사고>

영혼과 육신을 지켜주소서

회복의 사람으로 세우는 말씀
"내가 여호와를 항상 내 앞에 모심이여 그가 나의 오른쪽에 계시므로 내가 흔들리지 아니하리로다" (시 16:8)

인간의 영혼과 육신을 창조하신 주님!

사랑하는 남편이 갑작스런 사고를 당했습니다. 왜 하필이면 남편에게 이런 일이 일어났는지, 저의 놀란 가슴은 아직도 진정되지 않고 있습니다. 그러나 주님의 섭리하심을 바라보며 받은 충격을 애써 지워봅니다.

주님!

당신의 선하신 손길을 멈추지 마옵소서. 이럴 때일수록 주님의 크신 뜻을 알아갈 수 있도록 깨닫는 마음을 주옵소서. 주님을 향한 믿음이 흔들리지 않도록 크신 은혜를 내려 주옵소서.

주님!

남편이 당한 사고가 중하여 수술은 받게 되었지만, 생명을 지켜 주심을 감사드립니다. 생명을 지키신 주님께서 수술의 과정도 지키실 것을 믿습니다. 수술을 집도하는 것은 의사이지만, 주님이 그들의 생각과 손을 친히 주장하시고 계심을 믿습니다. 수술이 성공리에 끝날 수 있도록 우리 주님께서 매 순간마다 간섭하여 주옵소서. 수술을 한 후에 건강이 빠른 속도로 회복될 수 있게 하시고, 후유증이 생기지 않도록 도와주시옵소서. 재수술을 해야 하는 일이 없게 하시고, 건강한 몸으로 다시 일상생활에 복귀할 수 있게 하옵소서.

이번 계기를 통하여 살아계신 하나님을 다시 한 번 경험하기를 원합니다. 주님을 향한 은혜의 고백이 넘칠 수 있기를 원합니다.

능력의 주님을 바라봅니다.

예수님의 이름으로 기도합니다. 아멘

만성피로에서 벗어나게 하소서

⟨만성피로⟩

회복의 사람으로 세우는 말씀 •

"오직 여호와를 앙망하는 자는 새 힘을 얻으리니 독수리가 날개치며 올라감 같을 것이요 달음박질하여도 곤비하지 아니하겠고 걸어가도 피곤하지 아니하리로다" (사 40:31)

연약한 자를 체휼하시는 주님!

사랑하는 남편이 만성피로에 시달리고 있는 것 같습니다. 쉬고 또 쉬어도 몸이 천근만근 내려앉는 것 같고 만사가 다 귀찮다고 합니다.

주님!

남편이 지금 한창 혈기가 왕성할 때인데, 날마다 피로에 짓눌려 있는 것을 보니 너무나 안타깝습니다. 남편이 만성적인 피로에서 벗어날 수 있도록 긍휼을 베풀어 주옵소서. 그 육체에 하나님의 생기를 불어넣어 주셔서 독수리 날개치듯 올라가는 삶을 살 수 있게 하여 주옵소서.

만성 피로 때문에 회사의 업무에 지장을 주는 일이 없게 하시고, 다른 사람을 불편하게 하거나 힘들게 하는 일도 없게 하여 주옵소서. 아이들에게도 지쳐 있는 아버지의 뒷모습보다, 힘 있는 아버지의 모습을 보여줄 수 있게 하옵소서.

혹여, 남편의 건강에 빨간불이 켜져 있는 것은 아닌지 걱정이 됩니다. 쉽게 치료할 수 있는 것을 더 크게 키우지 않도록 자신의 몸을 돌아보는 지혜를 더하여 주옵소서.

주님!

남편으로 하여금, 육신의 장막도 하나님께서 세워주지 않으시면 세우는 자의 수고가 헛되다는 것을 깨닫게 하셔서 주님을 간절히 의지하는 믿음을 갖게 하옵소서(시 127:1). 그리하여 영혼이 잘되고 범사가 잘되며 강건하게 되는 복을 누릴 수 있게 하옵소서(요삼 2).

예수님의 이름으로 기도합니다. 아멘

<스트레스>

가슴을 시원하게 해주소서

회복의 사람으로 세우는 말씀
"마음의 즐거움은 양약이라도 심령의 근심은 뼈를 마르게 하느니라" (잠 17:22)

구원의 빛이신 하나님 아버지!

사랑하는 남편을 위해서 기도합니다. 남편이 늘 가슴의 답답함 때문에 힘들어 하고 있습니다. 무엇 때문에 답답해 하는지 함께 나누고 싶어도 입을 열지 않습니다. 아내로서 그가 안고 있는 인생의 무거운 짐을 잘 살피지 못하고 헤아리지 못하는 것 같아 너무 부끄럽고 속상하기만 합니다.

주님!

무엇이 그토록 남편으로 하여금 가슴을 두들길 정도로 답답하여 견딜 수 없게 하는지요? 긴 한숨을 내쉬고 또 내쉬어도 풀어질 수 없을 만큼, 가슴속에 얽혀 있는 것이 무엇인지요? 그것이 억울함입니까? 속상함입니까? 아니면 얽히고 얽힌 어떤 문제 때문입니까?

우리 주님은 볼 수 없는 것까지도 보시고, 알 수 없는 것까지도 아시는 분이시오니, 답답함에 짓눌려 있는 남편의 마음을 살피시고 헤아려 주옵소서. 남편의 상한 심령을 어루만져 주시고, 시원하게 하시는 주님의 은총을 경험하게 하옵소서.

주님!

답답하여 견디기 어려울 때, 무엇보다도 주님을 찾아야 함을 깨닫습니다. 마음속에 만들어 놓은 숱한 무덤들을 주님 앞에 파헤쳐 놓을 수 있게 하셔서, 풀어 주시고 싸매어 주시는 주님의 긍휼을 체험할 수 있게 하여 주옵소서.

시름과 한숨이 변하여 기도가 되게 하시고, 영혼 깊은 곳에서 솟아나는 찬송이 되게 하옵소서.

예수님의 이름으로 기도합니다. 아멘

〈불면증〉

단잠을 허락하소서

회복의 사람으로 세우는 말씀 •

"네가 누울 때에 두려워하지 아니하겠고 네가 누운즉 네 잠이 달리로다" (잠 3:24)

사랑하는 자에게 잠을 주시는 하나님!

사랑하는 남편을 위해서 기도합니다. 남편이 밤마다 심한 불면증에 시달리고 있습니다. 잠자기를 원하되 잠을 이루지 못하고, 이리저리 뒤척이면서 밤을 지새우고 있습니다. 새벽녘이 되어서야 선잠이 드는 남편의 모습이 너무 안쓰럽기만 합니다.

주님!

밤잠을 제대로 자지 못하는 남편의 모습 속에서 초췌해 보이는 육체의 흔적을 발견합니다. 어떨 때는 정신을 놓고 있는 사람처럼 보일 때도 있습니다. 제가 보기에도 이미 신체의 리듬이 깨져 있다는 것을 확연히 느낍니다. 웃음을 잃어버린 얼굴, 누렇게 떠버린 얼굴, 그것이 남편의 모습입니다.

주여!

남편을 헤아리시고 불쌍히 여겨 주시옵소서. 밤을 축복하셔서 깊은 잠을 이룰 수 있도록 은총을 베풀어 주옵소서. 지금 남편에게는 숙면을 취하는 것 이상의 더 큰 기쁨과 소망이 없을 것입니다.

주님!

더 이상 남편에게 밤이 지옥같이 느껴지지 않도록 평안의 잠을 허락하여 주시고, 잘 자고 잘 깨어남으로 주님의 사랑과 은총을 노래할 수 있게 하여 주옵소서. 일하는 의욕이 넘치게 하시고, 사회생활을 하는 데도 활력이 넘치도록 도와주옵소서. 한 번이라도 깊은 잠과 단잠을 맛보기를 원하는 남편의 마음을 헤아려 주실 것을 믿습니다.

예수님의 이름으로 기도합니다. 아멘

〈자살의 충동〉

죽고 싶은 마음을 거두어 가소서

회복의 사람으로 세우는 말씀

"나를 기가 막힐 웅덩이와 수렁에서 끌어올리시고 내 발을 반석 위에 두사 내 걸음을 견고하게 하셨도다" (시 40"2)

생명을 주관하시는 주님!

사랑하는 남편을 위해서 기도합니다. 삶의 무게를 이기지 못하여 늘 힘들어 하는 남편을 불쌍히 여겨 주옵소서. 요즘 들어 죽고 싶다는 말을 자주 하고 있습니다. 운전을 할 때 핸들을 꺾어버리고 싶다는 그의 고백을 들었을 때, 가슴이 철렁 내려앉았습니다. 얼마나 괴롭고 힘들면 하지 말아야 할 말을 서슴없이 내뱉겠습니까? 남편의 삶의 무게가 저에게도 전달되어 옵니다.

주님!

수고하고 무거운 짐 진 자를 헤아리시는 우리 주님이시기에, 쉼을 주시고 평안을 주시는 우리 주님이시기에, 주님을 간절히 의지합니다. 남편의 연약한 마음을 기억하시고 긍휼히 여겨 주옵소서. 연약해질 대로 연약해진 남편의 상황을 돌아봐 주시옵소서. 심하게 흔들리는 감정을 다잡아 주시고, 그 어두운 마음에 주님의 평안을 허락하여 주시옵소서.

주님!

그 영혼이 점점 더 사단에게 빼앗기지 않도록 우리 주님이 성령의 화염검으로 막아 주시고, 그를 이 고통스런 올무에서 풀어 주시기를 원합니다. 죽기를 소망한 마음이 변하여 살기를 소망하는 마음이 되게 하여 주시고, 하나님이 주신 소중한 생명을 함부로 해하는 죄를 범하지 않게 하옵소서.

우리 주님은 지금 삶의 의욕을 잃어버린 채, 파괴적인 생각에 사로잡혀 있는 남편을 반드시 건지실 것을 믿습니다.

예수님의 이름으로 기도합니다. 아멘

〈불안〉

불안의 늪에서 건져 주소서

회복의 사람으로 세우는 말씀 •

"내 영혼아 네가 어찌하여 낙심하며 어찌하여 불안하여 내 속에서 불안해 하는가 너는 하나님께 소망을 두라 그가 나타나 도우심으로 내가 여전히 찬송하리로다" (시 42:5)

전능하신 하나님 아버지!

하나님을 경외하는 자에게 힘과 피난처시요, 환난 중에 만날 큰 도움이심을 믿습니다. 사랑하는 남편을 위해서 기도합니다. 남편이 늘 불안감에 휩싸여 마음에 괴롭힘을 당하고 있습니다. 꼭 무슨 일이 일어날 것만 같은 불안감에 잠자는 것도 겁이 나고, 외출하는 것도 겁이 나고 일하는 것도 겁이 난다고 합니다.

주님!

극심한 불안감에 고통당하는 남편을 긍휼히 여겨 주옵소서. "여호와의 이름은 견고한 망대라 의인은 그리로 달려가서 안전함을 얻느니라"(잠18:10)고 말씀 하셨사오니 사랑하는 남편의 마음을 평안으로 다스려 주옵소서.

혹, 남편이 불안감에 휩싸여 있는 것이 지은 죄 때문이라면 회개할 수 있게 하시고, 다른 사람의 마음을 아프게 하고 상처를 준 까닭이라면 진정한 용서를 구할 수 있게 하옵소서.

주님!

남편의 마음을 불안에서 건져 주시고 해방시켜 주실 분은 주님뿐이심을 믿습니다. 사냥꾼의 낯을 피하여 불안에 떠는 사슴 같은 연약한 남편을 꼭 붙들어 주옵소서. 불안의 늪에서 건져 주시고 참된 안식을 누리게 하여 주옵소서.

남편의 불안한 마음이 변하여 평안을 누리게 하실 것을 믿습니다. 강하고 담대함을 가진 마음이 되게 하실 것을 믿습니다. 평강의 왕이신 예수님을 소망합니다.

예수님의 이름으로 기도합니다. 아멘

\<억울함\>
감정을 삭일 수 있게 하소서

회복의 사람으로 세우는 말씀 •
"무릇 지킬 만한 것 중에 더욱 네 마음을 지키라 생명의 근원이 이에서 남이니라" (잠 4:23)

사랑의 주님!

사랑하는 남편을 위해서 기도합니다. 오늘 남편이 너무 억울한 일을 당했나 봅니다. 분노의 감정이 온통 그 마음을 지배하고 있습니다. 도무지 견딜 수 없었는지 집에서도 거친 말들과 행동들을 서슴없이 드러내 보였습니다.

남편이 얼마나 억울했으면 저렇게까지 행동할까? 십분 이해는 하지만, 분노한 감정을 다스리지 못하여, 더 큰 어려움에 직면하게 되는 것은 아닌지 걱정이 앞섭니다.

사랑의 주님!

남편의 상한 마음을 찾아가 주시기를 원합

니다. 분노한 감정을 삭일 수 있도록 그 마음을 만져 주시옵소서. "무릇 지킬 만한 것 중에 더욱 네 마음을 지키라 생명의 근원이 이에서 남이니라" 하셨사오니 남편에게 마음을 잘 다스릴 수 있는 지혜를 주시기를 원합니다.

사람은 서로가 다르기 때문에, 오해가 발생할 수 있고, 아픔도 주어질 수 있다는 것을 넓은 마음으로 수용할 수 있게 하옵소서.

분노의 감정을 삭이지 못하면 결국 자신만 더욱 악해지고 건강도 잃을 수 있다는 것을 깨달을 수 있게 하옵소서.

분노의 감정이 자꾸만 솟구칠 때마다, 자신도 누구에겐가 아픔과 억울함을 줄 수 있는 존재라는 것을 기억하게 하시고, 이제껏 그렇게 한 일은 없었는지 자신을 성찰해 볼 수 있게 하옵소서. 이번을 계기로 더욱 성숙한 인격으로 거듭날 수 있기를 원합니다.

예수님의 이름으로 기도합니다. 아멘

<불평>

불평하는
마음에 변화를 주소서

회복의 사람으로 세우는 말씀 •

"범사에 감사하라 이것이 그리스도 예수 안에서 너희를 향하신 하나님의 뜻이니라" (살전 5:18)

언제나 좋은 것으로 채워 주시는 주님!

사랑하는 남편을 위해서 기도합니다. 사랑하는 남편의 입에서는 언제나 불만과 불평의 말들이 끊이지 않고 있습니다. 사물을 바라보는 모든 것이 불만거리요, 불평거리들뿐입니다. 이제껏 힘든 직장생활을 하면서 받은 상처와 아픔들이 누적되어, 남편의 생각과 마음을 굽어지게 한 것 같습니다.

아이들과 함께 있을 때에도 아무렇지도 않게 쏟아내는 남편의 불만과 불평 때문에 깜짝깜짝 놀랄 때가 있습니다. 아이들은 부모의 뒷모습을 보며 성장한다고 하는데, 인성발달에 악영향을 끼치지는 않을지 걱정이 앞섭니다.

주님!

사랑하는 남편을 긍휼이 여겨 주시옵소서. 어렵고 힘든 생활 속에서 자신도 모르게 감사와 기쁨을 잃어버린 것 같사오니, 생채기 난 그 마음을 찾아가 주셔서 치유의 은혜를 더하여 주옵소서.

불평을 앞세우는 입술이 변하여 감사를 표현하는 입술로, 부정적인 시각이 변하여 긍정적인 시각으로 보게 되는 역사가 있게 될 것을 믿습니다. 또한, 절망의 언어가 변하여 희망을 노래하며, 축복을 언어로 기쁨을 심어줄 수 있는 남편이 되게 하실 것을 믿습니다.

주님!

가정과, 직장과, 만나고 접촉하는 모든 사람들에게 향기가 될 수 있는 남편이 되게 하옵소서.

예수님의 이름으로 기도합니다. 아멘

<낙심>

낙심의 자리에서 일으켜 주소서

회복의 사람으로 세우는 말씀 •

"아무것도 염려하지 말고 오직 모든 일에 기도와 간구로, 너희 구할 것을 감사함으로 하나님께 아뢰라 그리하면 모든 지각에 뛰어난 하나님의 평강이 그리스도 예수 안에서 너희 마음과 생각을 지키시리라" (빌 4:6,7)

긍휼이 많으신 주님!

사랑하는 남편을 위해서 기도합니다. 낙심과 실망 가운데 놓여 있는 남편을 위해서 기도합니다. 이번 일로 인하여 남편의 마음이 몹시 상하여 있고, 왜 자신에게 이런 시련과 아픔이 찾아왔는지 이해할 수 없다며 괴로워하고 있습니다.

주님!

사랑하는 남편을 불쌍히 여기시고, 긍휼히 여기셔서 상처 난 그의 마음을 치유하여 주옵소서. 이번 일로 인하여 아주 넘어지지 않도록 남편의 연약한 마음을 붙들어 주옵소서. 하루빨리 낙심과 실망의 자리를 훌훌 털고 일어날 수 있게 하여 주시고, 또 다시 앞을 향하여 힘 있게 나아갈 수 있는 남편이 되게 하여 주옵소서.

주님!

남편이 이번 일을 계기로 주님을 더욱 가까이 하게 되기를 원합니다. 그리하여 고통과 슬픔의 현장에 찾아오셔서 함께하여 주시는 주님을 만날 수 있게 하시고, 아픔을 감싸주시고 치유해 주시는 분은 오직 주님밖에 없음을 느끼는 삶이 되게 하옵소서.

또한, 앞으로는 남편이 모든 것을 주님께 맡기는 삶이 되게 하여 주옵소서. 합력하여 선을 이루시는 주님의 손길을 경험하는 삶이 되게 하여 주옵소서.

남편이 이번 일을 통하여 영육 간에 더욱 성숙한 사람으로 거듭나기를 원합니다.

예수님의 이름으로 기도합니다. 아멘

〈물질손해〉

큰 위기를 극복하게 하소서

회복의 사람으로 세우는 말씀 •

"한 사람이 두 주인을 섬기지 못할 것이니 혹 이를 미워하며 저를 사랑하거나 혹 이를 중히 여기고 저를 경히 여김이라 너희가 하나님과 재물을 겸하여 섬기지 못하느니라" (마 6:24)

부하게도 하시고 가난하게도 하시는 주님!

주님은 언제나 구하는 자에게 좋은 것으로 주시며, 또한 주시되, 넘치도록 풍성히 주시는 주님이심을 믿습니다.

사랑하는 남편을 위하여 기도합니다. 남편이 물질적으로 너무나 큰 타격을 받았습니다. 그가 투자한 것이 잘못되어 큰 손해를 보게 되었습니다.

주님!

휘청거릴 수밖에 없는 남편의 마음을 붙드시옵소서. 상심할 수밖에 없는 남편의 마음을 지키시옵소서. 얼마나 그의 마음이 고통스럽고 괴롭겠습니까? 이런 때일수록 흔들리기 쉬운 마음을 다스리는 것이 중요하니 그의 마음을 성령의 능력으로 굳게 붙드시옵소서.

주님!

혹여 물질의 큰 손해를 보게 된 것이 주님을 멀리하고 육신의 일에만 매달렸던 결과는 아니었는지, 재물에 마음을 빼앗겨 영적인 일을 소홀히 했던 것은 아니었는지 돌이켜 볼 수 있게 하시고, 영혼의 유익을 위하여 물질을 거두신 주님의 섭리하심을 깨닫는 은혜가 있게 하옵소서.

주님!

이제 이번을 계기로 물질에 애착을 갖고 마음을 쏟기보다, 오직 영원하신 주님만을 바라보며 신령한 것을 사모하는 남편이 되게 하옵소서. 큰 위기를 큰 축복으로 바꾸시는 주님이심을 믿습니다.

예수님의 이름으로 기도합니다. 아멘

<배신의 아픔>

배신의 아픔을
참아내게 하소서

회복의 사람으로 세우는 말씀 •

"누가 누구에게 불만이 있거든 서로 용납하여 피차 용서하되 주께서 너희를 용서하신 것 같이 너희도 그리하고 이 모든 것 위에 사랑을 더하라 이는 온전하게 매는 띠니라"
(골 3:13,14)

아픔을 너무나 잘 아시는 우리 주님!

사랑하는 남편을 위해서 기도합니다. 남편이 배신을 당한 아픔 때문에 심한 마음의 고통을 겪고 있습니다. 더욱이 사랑을 주고 믿음을 주었던 사람이기에, 가슴속으로 파고드는 고통과 아픔이 얼마나 크겠습니까? 배신을 당했을 때, 그로 인한 좌절과 허탈감은 너무도 감당하기 어려움을 깨닫습니다.

주님!

남편을 긍휼히 여기시고 붙드시옵소서. 지금은 고통과 아픔이 심하여 그 괴로움이 뼛속까지 시리게 할지라도, 괴로움이 변하여 기쁨이 되게 하시고, 분노가 변하여 사랑이 되게 하실 것을 믿습니다.

남편의 마음속에서 순간순간 치밀어 오르는 분노를 성령의 불로 태우시고 원수까지도 사랑하라고 하신 주님의 말씀을 되새기며 마음을 다스려 나갈 수 있게 하옵소서.

우리 주님도 배신의 아픔을 경험하시면서 얼마나 괴로우셨겠습니까? 그러나 침묵하시면서 배신자들의 허물을 감추어 주셨기에, 십자가의 승리를 이루셨음을 깨닫습니다.

상대방을 향한 원망이나 저주의 말을 쏟아내기 쉬운 이때에, 남편에게 침묵할 수 있는 은혜를 더하셔서 주님을 모신 그 마음만큼은 사단에게 내어주지 않게 하옵소서.

지금은 잊기 어려워도 저희에게 잊을 수 있는 은혜를 주셔서, 흐르는 시간 속에서 아픔의 흔적들이 사라지게 하실 것을 믿습니다.

예수 이름으로 기도합니다. 아멘

⟨유혹⟩

유혹을 이기게 하소서

회복의 사람으로 세우는 말씀

"오직 각 사람이 시험을 받는 것은 자기 욕심에 끌려 미혹됨이니 욕심이 잉태한즉 죄를 낳고 죄가 장성한즉 사망을 낳느니라" (약 1:14,15)

너희는 이 세대를 본받지 말고 오직 마음을 새롭게 하라고 말씀하신 주님!

사랑하는 남편을 위해서 기도합니다. 남편이 세상에서 밀려오는 유혹을 잘 이기지 못하고 있습니다.

세상은 날로 악해져만 가고, 유혹하는 사단의 무리는 갈수록 극성을 부리고 있는 이때에, 남편이 유혹에 넘어가 죄에 끌려 다니는 삶이 되지 않기를 원합니다.

예수님은 사단의 유혹을 하나님의 말씀으로 물리쳤듯이, 남편도 말씀으로 무장하여 그 어떤 유혹도 능히 물리칠 수 있는 믿음의 사람이 되게 하여 주옵소서.

"오직 각 사람이 시험을 받는 것은 자기 욕심에 끌려 미혹됨이라(약 1:14)"고 말씀하셨사오니, 남편이 혹 악한 욕심으로 인하여 사단의 유혹에 넘어지는 일이 없게 하시고, 사도 바울과 같이 어떠한 상황 속에서도 자족할 줄 아는 믿음의 사람으로 살아가게 하옵소서.

유혹이 변하여 핍박이 된다 할지라도, 주님을 위하여 받는 능욕을 애굽의 모든 보화보다 더 큰 재물로 여겼던 모세처럼, 주님께 믿음을 보여드리는 남편이 되게 하여 주옵소서.

한 생명을 천하보다 귀하게 여기시는 우리 주님께서, 늘 유혹을 피할 수 있는 지혜와 능력을 남편에게 주실 것을 믿습니다.

예수님의 이름으로 기도합니다. 아멘

〈실패〉

실패를 딛고
일어서게 하소서

회복의 사람으로 세우는 말씀 •
"여호와여 주는 의인에게 복을 주시고 방패로 함같이 은혜로 그를 호위하시리이다"(시 5:12)

소망이 되시는 주님!
어려운 가운데서도 주님의 섭리하심을 바라보며 기도할 수 있게 하시니 감사합니다.
사랑의 주님!
사랑하는 남편을 위해서 기도합니다. 남편이 사업 실패로 인하여 극심한 슬럼프에 빠져 있습니다. 가장 낮은 자리에 있는 그의 심령을 찾아가 주셔서 상한 마음을 위로하시고 상처 난 심령을 싸매 주시옵소서.
이 순간, 세상 사람들은 실족하여 넘어졌을 것이오나, 그래도 하나님의 자녀이기에 마음을 추스르며 주님을 바라보고 있습니다. 위기의 때에 가난한 마음으로 주님을 바라보고 의지하는 남편의 심령을 놓치지 마시고 크신 긍휼을 베풀어 주옵소서.

잘될 때보다 안 될 때, 더욱 가까이 계신 주님을 깨닫는 남편이 되기를 원합니다. 평안할 때 보다 어려울 때, 주님의 세미한 음성을 들을 수 있는 남편이 되기를 원합니다.

지금 남편의 마음이 한없이 힘들겠지만, 소망의 끈을 놓지 않게 하여 주시고, 실패를 통하여 주님이 주시는 깨달음이 무엇인지 살필 줄 아는 분별력을 갖게 하여 주옵소서.

지금 욥과 같은 신앙이 필요한 줄 압니다. 아픔 속에서도 찬송하게 하시고, 실패의 뒤에서 계신 주님을 바라보게 하여 주옵소서(욥 1:21).

우리를 체휼하시는 주님을 바라봅니다.

예수님의 이름으로 기도합니다. 아멘

〈실직〉

더 좋은 일터를 주소서

회복의 사람으로 세우는 말씀 •

"너의 길을 여호와께 맡기라 그를 의지하면 그가 이루시고 네 의를 빛같이 나타내시며 네 공의를 정오의 빛같이 하시리로다" (시 37:5,6)

선한 목자이신 주님!

사랑하는 남편을 위해서 기도합니다. 남편이 평생을 몸 바쳐 일하던 일터를 잃어버렸습니다. 가정에 대한 책임감과 미래에 대한 염려가 그의 마음을 더욱 무겁게 하고 있습니다. 실족하여 넘어질 수밖에 없는 이 상황을 어떻게 해야 좋을지, 우리 주님이 남편과 저에게 놀라운 지혜로 함께하여 주옵소서.

저도 힘들지만, 당사자의 마음은 얼마나 괴롭고 힘들겠습니까? 상심한 그의 심령을 주님의 따사로운 손으로 어루만져 주시고, 넘어지지 않도록 힘을 더하여 주시옵소서.

선한 목자이신 우리 주님께서, 길 잃은 양을

불꽃 같은 눈동자로 살피실 것을 믿습니다. 능력의 막대기와 지팡이로 인도하실 것을 믿습니다. 영혼이 잘되고 범사가 잘되도록 축복하실 것을 믿습니다.

주님의 섭리하심을 조금도 의심하지 않게 하시고 주께서 인도하고 계시다는 것을 확신하는 믿음 위에 온전히 설 수 있도록 붙들어 주옵소서.

주님!

저와 남편이, 인생에 닥친 이 위기의 상황을, 주님을 더 깊이 체험할 수 있는 수련의 기회로 삼게 하시고, 듣지 못했던 주님의 세미한 음성을 들을 수 있는 기회로 삼게 하옵소서.

우리 주님은 반드시 더 좋은 일터를 주실 것을 믿습니다. 일할 수 있는 대로 수고의 열매를 먹게 하실 것을 믿습니다.

예수님의 이름으로 기도합니다. 아멘

<제사>

제사하는
행위를 멈추게 하소서

회복의 사람으로 세우는 말씀 •

"무릇 이방인에게 제사하는 것은 귀신에게 하는 것이요 하나님께 제사하는 것이 아니니 나는 너희가 귀신과 교제하는 자가 되기를 원하지 아니하노라" (고전 10:20)

홀로 영광을 받으시기에 합당하신 주님!

제사 때나 명절 때만 되면 어김없이 저희 부부는 피할 수 없는 갈등을 겪습니다. 기독교인은 제사상 앞에서 절을 하면 안 되는데, 남편은 형제들과의 평화를 위한 명분으로 제사에 참여하고 있습니다.

신앙 양심 상 하지 말아야 하는데 아무런 거리낌 없이 제사하는 남편을 보면, 도무지 예수님을 믿는 사람처럼 느껴지지 않습니다.

한두 해도 아니고, 이제껏 저희 부부는 이 문제로 날선 신경전을 벌이며, 대립의 각을 세우고 있습니다.

주님!

어찌하면 좋습니까? 남편의 우유부단한 신앙의 모습이 제게는 큰 아픔과 충격으로 와 닿습니다. 남편의 잘못된 신앙 자세가 아이들에게도 큰 혼란을 주고 있습니다.

주님!

참으로 부끄럽고 면목 없는 간구지만, 남편을 불쌍히 여겨 주옵소서. 그 마음에 회개의 영을 부어 주셔서 이제껏 주님의 자녀이면서도 주님을 욕되게 했던 불신앙의 행위를 회개할 수 있게 하옵소서.

그 심령을 강력한 성령의 불방망이로 두들겨 주셔서 다시는 타협하는 신앙생활이 되지 않게 하시고, 온전한 믿음으로 주님을 기쁘시게 하는 남편이 되게 하옵소서.

아이들에게도 믿음의 심지가 견고한 모습을 보여주어 아이들이 아빠의 신앙을 본받으며 따라갈 수 있게 하옵소서.

예수님의 이름으로 기도합니다. 아멘

바나바는 착한 사람이요
성령과 믿음이 충만한 사람이라
이에 큰 무리가 주께 더하여지더라

사도행전 11장 24절

남편을 성숙한 사람으로 세우는
아내의 무릎기도문

\<감사\>

감사하는 남편이 되게 하소서

성숙한 사람으로 세우는 말씀 •

"범사에 감사하라 이는 그리스도 예수 안에서 너희를 향하신 하나님의 뜻이니라"(살전 5:18)

사랑의 주님!

저희 남편을 사랑하심을 감사드립니다. 항상 주님의 사랑을 먹고 사는 남편이 되게 하옵소서.

주님!

사랑하는 남편을 위해서 기도합니다. 남편이 언제나 감사할 수 있게 하옵소서.

기쁘고 즐거운 일들이 넘칠 때에만 감사하는 것이 아니라, 괴롭고 슬플 일들이 있을 때에도 감사할 수 있게 하옵소서.

인정과 칭찬을 들었을 때에만 감사하는 것이 아니라, 권면과 충고를 들었을 때에도 감사할 수 있게 하옵소서

원하는 목표를 이루었을 때에만 감사하는 것이 아니라, 실패의 쓴잔을 마셨을 때에도 감사할 수 있게 하옵소서.

사람들에게 관심과 사랑을 받고 있을 때에만 감사하는 것이 아니라, 미움과 오해를 받고 있을 때에도 감사할 수 있게 하옵소서.

주어진 조건과 형편이 너무 좋고 윤택할 때에만 감사하는 것이 아니라, 최악의 조건과 열악한 환경이 되었을 때에도 감사할 수 있게 하옵소서.

건강한 육체와 정신을 가졌을 때에만 감사하는 것이 아니라, 아픔과 질병에 놓여 있을 때에도 감사할 수 있게 하옵소서.

주님!

남편의 삶이 감사의 옥토가 되어서 감사의 열매를 맺는 삶이 되기를 원합니다.

예수님의 이름으로 기도합니다. 아멘

<격려와 위로>

위로하는
남편이 되게 하소서

성숙한 사람으로 세우는 말씀 •
"그러므로 이러한 말로 서로 위로하라" (살전 4:18)

사랑의 주님!

사랑하는 남편을 위해서 기도합니다. 남편이 언제나 남을 위로하는 사람으로 쓰임 받기를 원합니다. 만나고 접촉하는 사람들에게 그들의 형편을 헤아리며 위로와 격려를 아끼지 않는 남편이 되게 하옵소서.

아픔과 슬픔을 당한 이에게는 소망의 언어로 위로하게 하시고, 실패와 좌절의 고통을 겪는 이에게는 비전의 언어로 위로하는 남편이 되게 하옵소서.

힘들고 지친 이에게는 용기의 언어로 위로하게 하시고, 절망으로 탄식하는 이에게는 희망의 언어로 위로하는 남편이 되게 하옵소서.

어렵고 힘든 이에게는 감사의 언어로 위로하게 하시고, 갈등과 의심으로 마음을 잡지 못하는 이에게는 확신의 언어로 위로하는 남편이 되게 하옵소서.

불만과 불평이 가득한 이에게는 긍정의 언어로 위로하게 하시고, 불신과 분열이 있는 이에게는 화해의 언어로 위로하는 남편이 되게 하옵소서.

질병으로 고통스러워하는 이에게는 치료의 언어로 위로하게 하시고, 사고를 당한 이에게는 희망의 언어로 위로하는 남편이 되게 하옵소서.

때에 맞는 위로로 회복을 돕는 남편이 되게 하실 것을 믿습니다.

예수님의 이름으로 기도합니다. 아멘

〈평화〉

평화를 심는
남편이 되게 하소서

성숙한 사람으로 세우는 말씀

"이같이 너희 빛을 사람앞에 비치게 하여 그들로 너희 착한 행실을 보고 하늘에 계신 너희 아버지께 영광을 돌리게 하라" (마 5:16)

사랑의 주님!
저희 가정을 축복하셔서 주님이 주시는 평안 속에서 살게 하시니 감사드립니다. 항상 주님이 주시는 평안 속에서 평화를 누릴 수 있는 가정이 되게 하옵소서.
주님!
사랑하는 남편을 위해서 기도합니다. 남편이 이 땅을 살아가는 동안 많은 사람들에게 평화를 심는 주님의 도구로 쓰임 받게 하옵소서.
미움이 있는 곳에 주님의 마음으로 사랑을 심게 하시고, 의심이 있는 곳에 주님의 마음으로 믿음을 심게 하옵소서.

오류가 있는 곳에 주님의 마음으로 진리를 심게 하시고, 절망이 있는 곳에 주님의 마음으로 희망을 심게 하옵소서.

불의가 있는 곳에 주님의 마음으로 용서를 심게 하시고, 분열이 있는 곳에 주님의 마음으로 일치를 심게 하옵소서.

어둠이 있는 곳에 주님의 마음으로 광명을 심게 하시고, 슬픔이 있는 곳에 주님의 마음으로 기쁨을 심게 하옵소서.

주님!

사랑하는 남편이 평화를 심는 주님의 도구로 쓰임 받음으로, 평화의 주님을 보여주는 삶이 되게 하시고, 빛과 소금의 역할을 잘 감당하는 믿음의 사람이 되게 하옵소서.

예수님의 이름으로 기도합니다. 아멘

<용서>

용서하는
남편이 되게 하소서

성숙한 사람으로 세우는 말씀 •

"너희가 사람의 잘못을 용서하면 너희 하늘 아버지께서도 너희 잘못을 용서하시려니와 너희가 사람의 잘못을 용서하지 아니하면 너희 아버지께서도 너희 잘못을 용서하지 아니하시리라"(마 6:14,15)

용서의 주님!

주님의 용서가 있으셨기에 오늘 저희가 하나님의 자녀가 되었음을 감사드립니다. 언제나 주님의 한없는 용서를 생각하며 용서의 삶을 실천하며 살아가는 가정이 되게 하옵소서.

주님!

사랑하는 남편을 위해서 기도합니다. 남편이 용서하는 사람이 되게 하옵소서.

자신에게 상처와 아픔을 준 사람이 있다면 그를 미워하거나 저주하지 말게 하시고, 십자가의 사랑으로 용서하는 사람이 되게 하옵소서. 힘들지라도, 그렇게 하는 것이 사랑의 예수님을 닮아가는 길임을 잊지 말게 하옵소서.

원수 갚는 것이나 판단하는 것은 주님이 하시는 것임을 기억하며, 다만 그 영혼을 긍휼이 여길 수 있는 마음을 갖게 하옵소서.

주님!

남편 자신도 누군가에게 용서받을 존재임을 기억하며 살게 하시고, 도무지 삭혀지지 않는 아픔과 충격이 있을지라도 그 사람을 용서해야 마음의 평안을 누릴 수 있음을 깨닫게 하옵소서. 또한, 그 사람을 용서하지 않으면 주님도 우리 잘못을 용서하지 않음을 잊지 않게 하옵소서.

주님!

남편이 사단의 힘에 조종당하지 않도록 늘 깨어 기도하게 하시고, 지금도 하늘 보좌 우편에서 남편의 연약함을 위하여 중보 기도를 쉬지 않고 계시는 주님의 긍휼을 잊지 않게 하옵소서.

예수님의 이름으로 기도합니다. 아멘

〈따뜻함〉

마음이 따뜻한
남편이 되게 하소서

성숙한 사람으로 세우는 말씀 •⋯⋯⋯⋯⋯⋯⋯⋯⋯⋯⋯⋯⋯⋯⋯⋯

"또 이르시되 너희가 무엇을 듣는가 스스로 삼가라 너희의 헤아리는 그 헤아림으로 너희가 헤아림을 받을 것이요 더 받으리니" (막 4:24)

사랑의 주님!

저희 가정을 주님의 따뜻한 사랑으로 감싸 안고 계심을 감사드립니다. 언제나 주님의 마음을 읽을 줄 아는 가정이 되게 하옵소서.

주님!

사랑하는 남편을 위해서 기도합니다. 남편이 항상 남을 생각할 줄 아는 따뜻한 마음을 갖게 하옵소서.

생각 없는 말로 상처를 주거나 아픔을 주는 사람이 아닌, 위로의 말로 상처와 아픔을 싸매 주는 남편이 되게 하옵소서.

자신의 말로 남을 설득하기보다, 다른 사람의 말을 경청할 줄 아는 남편이 되게 하옵소서.

말보다 행동이 앞서는 일이 없게 하시며, 말한 것에 대해서는 책임을 질 줄 아는 남편이 되게 하옵소서.

자신의 입장과 의견을 밝힐 줄 알되 지나침이 없게 하시고, 다른 사람의 입장과 의견도 충분히 존중할 줄 아는 남편이 되게 하옵소서.

약한 자에게는 한없는 너그러움을 보여주되, 강한 자에게는 비굴함을 보이지 않는 남편이 되게 하옵소서.

자신의 지식과 경험을 너무 과신하기보다, 지혜의 근본이신 하나님을 온전히 의뢰하는 남편이 되게 하옵소서.

주님!

남편이 항상 주님의 마음을 담아내는 삶이 되게 하옵소서.

예수님의 이름으로 기도합니다. 아멘

\<교제\>

교제가 있는
남편이 되게 하소서

성숙한 사람으로 세우는 말씀 •

"다윗에 대한 요나단의 사랑이 그를 다시 맹세하게 하였으니 이는 자기 생명을 사랑함 같이 그를 사랑함이었더라" (삼상 20:17)

사랑의 주님!

저희에게 기도를 통하여 주님과 교제할 수 있게 하시니 감사드립니다. 언제나 주님과의 깊은 교제가 이루어지는 삶이 되게 하옵소서.

주님!

사랑하는 남편을 위해서 기도합니다. 남편이 이 땅을 살아가는 동안 좋은 교제가 있는 삶이 되기를 원합니다.

사회생활과 직장생활을 하는 동안 좋은 벗을 만나게 하셔서, 다윗과 요나단같이 어떠한 형편에 처하든지 아름다운 우정을 나눌 수 있게 하시고, 서로에게 유익을 주며 힘이 되는 관계를 맺게 하옵소서.

이왕이면 세상적인 벗보다 믿음의 벗과 더 많은 교제가 있게 하셔서, 신앙적인 도움을 주고 받으며 서로에게 힘이 되는 관계를 갖게 하옵소서.

또한, 믿음 안에서 서로의 미래를 위하여 함께 기도해 주며, 서로의 꿈과 비전을 세워주는 교제를 갖게 하옵소서.

서로에게는 불편한 경쟁상대가 되지 않게 하시고, 서로를 마음껏 축복해 주는 아름다운 관계를 갖게 하옵소서.

무엇보다 남편이 일생을 다하는 동안 가장 좋은 친구이신 주님과 깊은 교제가 끊이지 않는 삶이 되기를 원합니다.

예수님의 이름으로 기도합니다. 아멘

〈나눔〉

남을 생각하는
남편이 되게 하소서

성숙한 사람으로 세우는 말씀 •································
"네 생각에는 이 세 사람 중에 누가 강도 만난 자의 이웃이 되 겠느냐" (눅 10:36)

사랑의 주님!

저희를 있는 그대로 이해해 주시고 품어 주심을 감사드립니다. 저희도 주님의 성품을 본받아 남을 생각하고 헤아리며 살아갈 수 있게 하옵소서.

주님!

사랑하는 남편을 위해서 기도합니다. 남편이 이 땅을 살아가는 동안 이런 삶을 살 수 있게 하옵소서.

자신에게 도움을 줄 수 있는 사람이 누구일까를 생각하며, 누군가의 도움을 바라면서 사는 사람이기보다, 자신이 누구에게 도움을 줄 수 있을까를 생각하며, 도움을 주고자 하는 마음으로 사는 남편이 되게 하옵소서.

자신에게 위로를 줄 수 있는 사람이 누구일까를 생각하며, 누군가의 위로를 바라면서 사는 사람이기보다, 자신이 누구에게 따뜻한 위로를 줄 수 있을까를 생각하며, 위로를 주고자 하는 마음으로 사는 남편이 되게 하옵소서.

자신에게 유익을 줄 수 있는 사람이 누구일까를 생각하며, 누군가의 유익을 구하면서 사는 사람이기보다, 자신이 누구에게 유익을 줄 수 있을까를 생각하며, 유익을 주고자 하는 마음으로 사는 남편이 되게 하옵소서.

사랑하는 남편이 이 땅을 살아가는 동안, 누군가에게 의미 있는 사람이 되는 삶을 살아가게 하옵소서. 그리하여 강도 만난 사람의 이웃이 되어 주기를 원하셨던 주님의 마음을 담아내는 남편이 되게 하옵소서.

예수님의 이름으로 기도합니다. 아멘

〈웃음〉

웃으며 사는 남편이 되게 하소서

성숙한 사람으로 세우는 말씀 •

"고난 받는 자는 그 날이 다 험악하나 마음이 즐거운 자는 항상 잔치하느니라."(잠 15:15)

사랑의 주님!
저희에게 웃을 수 없는 중에도 웃을 수 있는 믿음을 주심을 감사드립니다. 항상 인자하신 주님을 바라보며 기쁨을 잃지 않는 삶이 되게 하옵소서.
주님!
사랑하는 남편을 위해서 기도합니다. 남편이 언제나 웃으며 사는 삶이 되게 하옵소서.
사회생활을 하다보면 어려운 일들을 많이 겪게 될 터인데, 그와 같은 상황 속에서도 평안을 주시는 주님을 의지함으로 웃음 짓고 살 수 있는 용기가 있게 하옵소서.
그 어떤 상황에서든지 웃음을 잃지 않고 기

쁨으로 살기를 원하는 자에게 밝은 빛으로 인도하시는 주님의 은혜를 경험하게 하실 것을 믿습니다.

언제나 웃을 수 있는 여유를 가지고 인생 가운데 찾아오는 고난과 시험도 넉넉히 이길 수 있게 하시고, 고통과 슬픔도 담대히 물리치는 복된 삶이 되게 하옵소서.

또한, 언제나 웃으며 사는 남편으로 인해 주변의 모든 사람들도 함께 웃을 수 있는 은혜를 허락하여 주옵소서. 남편을 세상에 웃음꽃이 피게 하는 행복 바이러스가 되게 하실 것을 믿습니다.

더 나아가 하나님도 웃게 만드는 믿음의 사람이 되게 하실 것을 믿습니다.

사랑하는 남편이 언제나 웃으며 사는 것으로 인해 몸과 정신과 영혼까지도 맑아지고 깨끗해지는 복을 받게 하옵소서.

예수님의 이름으로 기도합니다. 아멘

〈과오〉

과오를 인정하는
남편이 되게 하소서

성숙한 사람으로 세우는 말씀 •

"만일 우리가 우리 죄를 자백하면 그는 미쁘시고 의로우사 우리 죄를 사하시며 우리 죄를 사하시며 우리를 모든 불의에서 깨끗하게 하실 것이요" (요일 1:9)

은혜의 주님!

저희의 허다한 잘못을 십자가의 사랑으로 덮어 주신 은혜를 생각합니다. 그 사랑 앞에 늘 감사하며 온전한 믿음으로 나아가는 삶이 되게 하옵소서.

주님!

사랑하는 남편을 위하여 기도합니다. 남편이 자신의 허물과 잘못을 인정할 줄 아는 삶을 살게 하옵소서.

이 세상에 허물과 잘못이 없어서 아름답고 훌륭한 사람이 과연 얼마나 되겠습니까? 허물과 잘못이 없는 것도 아름답겠지만, 허물과 잘못을 인정하고 그것을 뉘우치는 모습, 또한 그에 못지않게 아름답다는 것을 깨닫습니다.

자기의 잘못을 시인할 줄 안다는 것, 부끄러워할 줄 안다는 것, 돌이킬 줄 안다는 것, 이런 인생을 사는 것, 또한 근사한 인생을 사는 것임을 깨닫습니다. 그러므로 사랑하는 남편이 자신에게 주어진 인생을 살면서 허물과 잘못이 있을 때, 그것을 변명하고 감추려고만 하지 않게 하옵소서.

허물과 잘못이 자신에게 있을 때, 그것을 솔직히 인정하고 부끄러워할 줄 아는 근사한 사람이 되게 하옵소서.

그와 같은 태도가 하나님께서 보시기에도 금보다도 귀한 마음이며, 사람들에게도 무한한 신뢰를 주는 것임을 믿습니다.

사랑하는 남편이 자신의 허물과 잘못을 늘 인정할 줄 아는 삶을 살게 하옵소서.

예수님의 이름으로 기도합니다. 아멘

〈중심〉

치우치지 않는 남편이 되게 하소서

성숙한 사람으로 세우는 말씀 •

"오직 강하고 극히 담대하여 나의 종 모세가 네게 명령한 그 율법을 다 지켜 행하고 우로나 좌로나 치우치지 말라 그리하면 어디를 가든지 형통하리니" (시 91:14)

사랑의 주님!

흔들리는 갈대와 같은 인생을 능력의 오른손으로 잡아 주시는 은혜를 감사드립니다.

저희가 좌로나 우로나 치우치지 않는 삶이 되기 위하여 십자가의 주님을 바라볼 수 있게 하옵소서.

주님!

사랑하는 남편을 위해서 기도합니다. 남편이 어느 한쪽으로 치우치지 않는 삶이 되게 하옵소서.

인생의 모든 것이 좌와 우의 양면성을 가지고 있다는 것을 기억하여, 자신이 생각하고 있는 것만이 바른 것이 아님을 깨달으며 살게 하옵소서.

어떤 진리를 알아가는 데 있어서도, 누구를 사귀는 데 있어서도, 한쪽으로 치우치는 일이 없게 하시고, 신앙생활을 하는 데 있어서도 한쪽으로만 치우치는 일이 없게 하옵소서.

오른손이 있으면 왼손이 있듯, 오른손잡이가 있으면 왼손잡이가 있다는 것도 이해할 수 있게 하옵소서. 그리하여 오른손만이 바른 손이 아님을 생각하며 살게 하옵소서.

쉽지는 않겠지만, 자신과 다른 사람을 많이 이해하려고 노력하게 하시고, 인정하려고 노력하게 하옵소서. 더 나아가 그들에게서 자신의 부족함도 배울 수 있는 마음을 갖게 하옵소서.

사랑하는 남편에게 치우침이 없는 인생의 걸음을 걷게 하셔서 주님이 인도하시는 형통을 누릴 수 있게 하옵소서.

예수님의 이름으로 기도합니다. 아멘

〈태도〉

생활 태도가 좋은 남편이게 하소서

성숙한 사람으로 세우는 말씀

"너희는 스스로 조심하라 그렇지 않으면 방탕함과 술취함과 생활의 염려로 마음이 둔하여지고 뜻밖에 그 날이 덫과 같이 너희에게 임하리라"(눅 21:34)

은혜로우신 주님!

저희 가정에 언제나 필요한 말씀을 주시고, 말씀을 통하여 새 힘을 얻으며 살아갈 수 있게 하시니 감사드립니다. 저희 가정이 항상 말씀으로 찾아오시는 주님을 경험할 수 있게 하옵소서.

주님!

사랑하는 남편을 위해서 기도합니다. 남편에게 아무렇게나 자기 뜻대로 살려고 하는 생활 태도가 없기를 원합니다. 가정과 사회생활에 요구되는 규범과 규칙을 잘 지키며 사는 삶이 되게 하옵소서.

자신은 조금 불편하고 힘들어두 다른 사람

의 유익을 위한 일이라면 억제할 수 있는 자제력이 있게 하시고, 다른 사람에게 기쁨을 주는 일이라면 솔선수범하는 대범함이 있게 하옵소서.

게으르고 나태한 모습을 보이기보다 항상 부지런하고 열심이 있는 모습을 보이게 하시고, 자신에게 유익이 되지 않을지라도 자신의 말과 행동에는 항상 엄격하게 하시며, 다른 사람의 말과 행동에는 항상 관대함이 넘치는 남편이 되게 하옵소서.

혹, 억제되지 않는 숨은 욕구와 욕망이 마음속에서 꿈틀거릴지라도 그것과 싸워 이겨 갈 수 있게 하시고, 그것이 힘들어질 때 도우시는 성령님을 강하게 의지하는 남편이 되게 하옵소서.

주님, 언제나 남편의 생각과 마음을 강하게 붙들어 주실 것을 믿습니다.

예수님의 이름으로 기도합니다. 아멘

⟨기억⟩

안 좋은 기억은 잊게 하소서

성숙한 사람으로 세우는 말씀 •

"그런즉 누구든지 그리스도 안에 있으면 새로운 피조물이라 이전 것은 지나갔으니 보라 새 것이 되었도다" (고후 5:17)

교제하기를 기뻐하시는 주님!

저희의 생각을 주장하셔서 주님과의 친밀한 교제로 더욱 나아갈 수 있게 하시니 감사드립니다. 저희가 주님의 보좌 앞을 떠나지 않는 삶이 되게 하여 주옵소서.

주님!

사랑하는 남편을 위해서 기도합니다. 남편이 살아오면서 안 좋은 기억들이 있다면 속히 잊을 수 있는 주님의 은혜와 사랑이 있게 하옵소서.

아프고 어두운 기억들이 있을지라도 더듬어 곱씹음으로 미움과 분노로 찌들어 가는 삶이 되지 말게 하시고, 모든 것을 참으셨던 주님의 사랑을 본받아 은혜로 삭일 수 있는 삶이 되게 하옵소서.

미움과 분노가 마음속에 늘 자리 잡고 있으면, 또 다른 사람의 마음에 상처를 줄 수 있는 강력한 도구가 된다는 것을 기억하여, 자신의 마음에 상처 난 것을 주님의 말씀으로 치유하고 은혜로 삭일 수 있는 삶이 되게 하옵소서.

주님의 은혜로 삭이는 것이 쉽지 않을지라도, 그것을 위하여 더 많이 기도하게 하시고 주님을 더 많이 찾게 하셔서 풍성하신 주님의 은혜를 더 많이 경험하는 복된 삶이 되게 하옵소서.

너무나 좋으신 주님!

사랑하는 남편이 안 좋은 기억들은 다 잊고, 주님의 멍에를 메고, 주님의 마음을 읽으며, 주님만 따라가는 삶이 되게 하실 것을 믿습니다.

예수님의 이름으로 기도합니다. 아멘

〈닮아감〉

주님의 마음을 담아내게 하소서

성숙한 사람으로 세우는 말씀

"그러나 내가 긍휼을 입은 까닭은 예수 그리스도께서 내게 먼저 일체 오래 참으심을 보이사 후에 주를 믿어 영생 얻는 자들에게 본이 되게 하려 하심이라" (빌 1:17)

능력의 주님!

저희는 언제나 허물이 많음을 고백합니다. 그럼에도 불구하고 주님의 은혜와 사랑 속에서 살게 하시니 감사드립니다. 저희가 항상 한없는 주님의 긍휼하심을 기억하며 영광 돌리는 삶이 되게 하옵소서.

주님!

사랑하는 남편을 위하여 기도합니다. 남편의 마음을 주님의 은혜로 굳게 붙들어 주셔서 주님의 마음을 담아내는 삶이 되게 하옵소서.

대인관계 속에서 발생하는 불협화음이 자신을 무겁게 하고 힘들게 할지라도, 먼저 화해의 악수를 청하는 용기 있는 남편이 되게 하옵소서.

자신의 의견과 뜻이 하나도 반영되지 않아서 서운한 마음이 든다 할지라도, 그 대신에 상대방의 의견이 빛을 본 것을 인하여 기뻐하며 축하해 주는 남편이 되게 하옵소서.

때때로 한계상황에 부딪치는 일들이 있다 할지라도 "내게 능력주시는 자 안에서 모든 것을 할 수 있다"는 믿음으로 승리를 놓지 않는 남편이 되게 하옵소서.

자신이 원하는 만족과 성취가 쉽게 주어지지 않는다 할지라도, 하나님의 자녀로서 다른 이의 평강을 빌어 주는 것을 행복으로 삼을 수 있게 하옵소서.

주님!

남편이 주님의 마음을 담아내는 삶이 되기를 원합니다. 그의 마음을 굳게 붙들어 주옵소서.

예수님의 이름으로 기도합니다. 아멘

<취미>

건전한 취미생활을 할 수 있게 하소서

성숙한 사람으로 세우는 말씀

"모든 것이 내게 가하나 모든 것이 다 유익한 것이 아니요 모든 것이 내게 가하나 내가 아무에게든지 얽매이지 아니하리라" (고전 6:12)

사랑의 주님!

사랑하는 남편을 위해서 기도합니다. 남편이 건전한 취미생활을 할 수 있기를 원합니다.

건전한 취미생활로 육체의 건강과 정신의 건강에 도움을 얻을 수 있게 하시고, 마음을 다스리고, 인격을 다듬어 가는 데 유익을 얻을 수 있게 하옵소서.

취미를 선택할 때, 혼자 하는 것보다는 다른 사람과 어울려서 함께 할 수 있는 것을 선택할 수 있기를 원합니다. 그리하여 서로가 따뜻한 마음을 나누며, 서로의 장점들을 함께 공유하며 유익을 나눌 수 있게 하옵소서.

건전한 취미생활을 통하여 대인관계의 폭도 더욱 넓어질 수 있기를 원합니다. 그리하여 사람은 혼자가 아닌 다른 사람과 함께할 때, 보다 나은 정서적인 안정이 주어진다는 것을 느낄 수 있게 하옵소서.

또한 다른 사람과 좋은 이웃의 관계를 만들어 나가는 것이 복되고 아름다운 생활임을 깨닫게 하옵소서.

남편이 다른 사람과 함께 어울려 취미활동을 해나갈 때, 경쟁 관계로 대하는 일이 없게 하시고, 상대방에게 경쟁 심리를 부추기는 일도 없게 하옵소서. 항상 자신에게는 엄격하고 상대방에게는 진실하게 하옵소서.

주님!

남편이 기쁨과 보람을 가질 수 있는 취미생활을 하기 원합니다.

예수님의 이름으로 기도합니다. 아멘

바요나 시몬아 네가 복이 있도다
이를 네게 알게 한 이는 혈육이 아니요
하늘에게 계신 내 아버지시니라

마태복음 16장 17절

4부

남편을 믿음의 사람으로 세우는
아내의 무릎기도문

⟨초보믿음⟩

믿음이 자랄 수 있게 하소서

믿음의 사람으로 세우는 말씀 •┄┄┄┄┄┄┄┄┄┄┄┄┄┄┄┄┄
"그러므로 믿음은 들음에서 나며 들음은 하나님의 말씀으로 말미암느니라" (롬 10:17)

사랑이 많으시고 거룩하신 하나님 아버지!

남편이 예수님을 믿게 하시니 감사드립니다. 이제 막 신앙의 걸음마를 시작하고 있는 사랑하는 남편을 위하여 기도하기를 원합니다.

지금은 갓난아이와 같은 신앙이지만, 그 안에 심겨진 믿음이 점점 큰 믿음을 갖게 하실 것을 믿습니다.

지금은 예배드리는 것도 어색하고 교회생활에 낯선 것이 한두 가지가 아니겠지만, 점차 익숙해져서 훌륭한 신앙인으로 성장하게 될 것을 믿습니다.

믿음의 성장을 위하여 말씀을 듣는 기회를

놓치지 않게 하시고, 모든 예배에 잘 참석할 수 있도록 그 마음을 붙들어 주옵소서. 성경을 읽을 수 있도록 그 생각을 열어 주시고, 성경의 내용이 이해하기 힘들어도 반복하여 읽으면 놀라운 변화가 주어진다는 사실을 경험할 수 있게 하옵소서.

주님!

교회에서 초신자들의 신앙성숙을 위하여 성경을 공부할 수 있는 프로그램도 마련하고 있습니다. 남편의 마음에 진리의 말씀을 배우고자 하는 의욕을 허락하셔서 양육을 체계적으로 잘 받을 수 있도록 이끌어 주옵소서.

남편이 주님을 모를 때는 세상 일에 우선권을 두고 살았지만, 이제는 주님께 우선권을 두고 사는 삶이 되게 하옵소서. 교회 봉사에도 관심을 갖게 하셔서 주님이 귀히 쓰시는 훌륭한 일꾼으로 성장할 수 있게 하옵소서.

예수님의 이름으로 기도합니다. 아멘

<주일>

주일을 잘 지키게 하소서

믿음의 사람으로 세우는 말씀

"주의 궁정에서의 한 날이 다른 곳에서의 천 날 보다 나은즉 악인의 장막에 사는 것보다 내 하나님의 문지기로 있는 것이 좋사오니" (시 84:10)

사랑의 주님!

저희에게 주일을 허락하셔서 주님께 예배하고 영광 돌릴 수 있는 복된 삶을 살게 하시니 감사합니다. 주일은 하나님께서 예배를 통하여 저희들에게 복 주시기로 작정하신 날임을 믿습니다. 안타까운 것은 사랑하는 남편이 늘 육신의 일에 쫓기고 얽매여서 이 귀한 날에 주님을 만나지 못하고 있고, 주님의 은혜를 경험하지 못하고 있습니다.

남편을 주님의 능력의 손으로 굳게 붙드셔서 이 날에 구별된 삶을 살 수 있도록 도와주시고, 영육 간에 안식을 얻는 날이 되게 하옵소서,

이 날을 주님께 온전히 드림으로 주님을 주님 되게 해 드릴 수 있는 남편이 되게 하시고, 예배를 통하여 부어 주시는 주님의 놀라운 은혜를 경험하는 삶이 되게 하옵소서.

사람이 떡으로만 사는 것이 아니라 하나님의 입에서 나오는 말씀으로 살아야 함을 기억하게 하시고, 육신의 일에 얽매여서 마귀가 좋아하는 일만 좇다가 은혜를 빼앗기고 마는 남편이 되지 않게 하옵소서.

"주의 궁정에서의 한 날이 다른 곳에서의 천 날보다 낫다"(시84:10)고 고백했던 시편기자처럼 남편이 주일마다 성전을 사모하여 세상에서는 맛볼 수 없는 큰 기쁨과 평강을 누리게 하옵소서.

남편에게, 주일이 오직 여호와 하나님만을 찬양하는 귀하고 복된 날이 되게 하실 것을 믿습니다.

예수님의 이름으로 기도합니다. 아멘

<예배>

예배를 사모하게 하소서

믿음의 사람으로 세우는 말씀 •

"그러므로 형제들아 내가 하나님의 모든 자비하심으로 너희를 권하노니 너희 몸을 하나님이 기뻐하시는 거룩한 산제물로 드리라 이는 너희가 드릴 영적 예배니라" (롬 12:1)

거룩하신 하나님 아버지!

죄 많은 저희들을 사랑하셔서 하나님의 자녀로 택하여 주시고 하나님께 영광 돌리는 거룩한 예배자로 삼아 주시니 얼마나 감사한지요. 주님의 한없는 은혜만 생각하면 저희의 모든 것을 깨뜨려도 늘 부족함을 깨닫습니다.

주님!

사랑하는 남편을 위해서 기도합니다. 남편에게 예배의 회복이 있게 하옵소서. 남편의 예배생활이 겨우겨우 힘겹게 이어지는 것을 볼 때 많은 안타까움을 갖습니다. 지키는 예배가 아니라 드리는 예배가 될 수 있도록 남편의 마음과 생활을 주장하여 주옵소서.

기다려지는 예배가 되게 하시고, 예배에 대한 사모함이 있게 하옵소서.

예배를 드리지 않으면 그의 마음에 견딜 수 없는 영적인 부담이 밀려오게 하시고, 하나님의 이름을 찬양하는 것이 인생의 가장 큰 기쁨이 되게 하옵소서.

저희에게 온전한 예배가 있어야만, 삶에도 온전한 변화가 주어지는 줄 믿습니다. 마음을 다한 예배가 있어야만, 하나님의 임재를 경험할 수 있음을 깨닫습니다.

남편의 마음에 부흥을 허락하셔서 예배를 앞세우는 삶이 되게 하시고, 예배를 통하여 성령의 감동하심과 기쁨과 감격을 맛보는 삶이 되게 하옵소서.

사랑하는 남편을 예배의 정신으로 살 수 있도록 이끄실 것을 믿습니다.

예수님의 이름으로 기도합니다. 아멘

<말씀>

말씀을
잘 듣고 깨닫게 하소서

믿음의 사람으로 세우는 말씀 •
"그는 우리의 하나님이시요 우리는 그가 기르시는 백성이며 그의 손이 돌보시는 양이기 때문이라 너희가 오늘 그의 음성을 듣거든" (시 95:7)

   말씀으로 천지 만물을 창조하시고 주관하시는 하나님 아버지!
   사랑하는 남편을 주님의 사랑으로 이끄시고 항상 함께하심을 감사드립니다. 남편이 예배에 잘 참석하게 하시니 얼마나 감사한지요.
   이 모든 것이 주님의 은혜임을 믿습니다. 그러나 목사님이 전하시는 말씀이 귀에 들어오지 않는다고 합니다. 무슨 말씀인지 알아듣지 못하겠고 도무지 이해할 수 없다고 합니다.
   그러다보니 설교 듣는 시간이 지루하게 느껴지고 자신의 의지와는 상관없이 눈이 감긴다고 합니다.

주님!

남편이 말씀을 잘 들을 수 있도록 은총을 베풀어 주옵소서. "믿음은 들음에서 나며 들음은 하나님의 말씀으로 말미암는다"(롬 10:17)고 했는데, 말씀을 잘 들어야 믿음이 자랄 것이 아니겠는지요.

남편에게 말씀을 들을 수 있는 귀를 열어 주셔서 목사님을 통하여 듣는 하나님의 말씀이 재미가 있게 하시고, 듣고 또 듣고 싶은 말씀이 되게 하옵소서.

말씀을 통하여 심령을 새롭게 변화시키시는 주님의 손길을 체험하게 하셔서 그리스도의 장성한 분량에 이르게 하시고, 주님께 영광 돌리는 삶이 되게 하여 주옵소서.

주님!

그의 영혼을 진리의 빛으로 밝혀 주실 것을 믿습니다.

예수님의 이름으로 기도합니다. 아멘

<의지>

주님을 신뢰하고
의지하게 하소서

믿음의 사람으로 세우는 말씀
"너희는 인생을 의지하지 말라 그의 호흡은 코에 있나니 셈할 가치가 어디 있느냐"(사 2:22)

반석이신 하나님!
모든 짐을 주님께 맡길 때에 의인의 요동함을 허락지 않으심을 믿습니다.
주님!
사랑하는 남편을 위해서 기도합니다. 남편이 주님을 온전히 신뢰하고 의지하는 믿음을 갖게 하옵소서. 세상의 썩어질 것을 의지하지 말게 하시고, 있다가도 없어질 재물도 의지하지도 말게 하옵소서. 도울 힘이 없는 인생도 의지하지 말게 하시고, 자기의 지식과 경험이나 권력을 의지하는 일도 없게 하옵소서.
주님!
저희가 의지해야 할 대상은 오직 **주님밖에**

없음을 깨닫습니다. 비록 눈에 보이는 것이 없고, 귀에는 들리는 것이 없고, 손에 잡히는 것이 없다 할지라도, 지금도 살아계셔서 우주를 지배하시고 섭리하시는 주님만을 의지하는 남편이 되게 하옵소서.

여호와께 피함이 사람을 신뢰함보다 나으며, 여호와께 피함이 고관들을 신뢰함보다 낫다고 하였사오니 남편이 온전히 주님만을 의지하는 삶이 되게 하옵소서(시 118:8,9).

주님만을 의지하게 될 때에 두려움 없는 삶을 살 수 있음을 믿습니다. 넉넉히 이기는 삶을 살 수 있음을 믿습니다. 행복한 삶, 성공하는 삶을 살 수 있음을 믿습니다.

남편이 온전히 주님만을 신뢰하게 하시고, 어느 순간에라도 주님을 잊는 일이 없게 하여 주옵소서.

예수님이 이름으로 기도합니다. 아멘

<열심>

열심을 낼 수 있게 하소서

믿음의 사람으로 세우는 말씀

"부지런하여 게으르지 말고 열심을 품고 주를 섬기라"
(롬 12:11)

은혜로우신 하나님 아버지!

저희를 사랑하여 주심을 감사드립니다. 부족한 것이 많음에도 불구하고 언제나 새로운 은총으로 저희를 일으켜 주심을 감사드립니다.

주님!

사랑하는 남편을 위해서 기도합니다. 남편에게서 주님을 향한 열심이 점점 식어가고 있습니다. 남편이 자신에게 맡겨진 사명에 열심을 다할 수 있도록 이끌어 주옵소서. 더 이상 사명의 자리를 고의적으로 피하는 일이 없게 하시고, 자신만을 위해서 분주히 움직이는 일이 없게 하옵소서.

주님!

사랑하는 남편이 물질과 시간을 주님을 위하여 드리게 하시고, 진실한 마음으로 주님을 섬기게 하옵소서.

예배와 기도와 전도의 생활을 온전히 드리게 하시고, 주님이 기뻐하시는 열매를 풍성히 맺는 삶이 되게 하옵소서.

주님의 몸 된 교회와 권속들을 위하여 수고의 땀을 흘리는 자리라면 적극 참여하는 열심이 있게 하시고, 아름다운 믿음의 본을 보이는 신앙생활을 하게 하옵소서. 누구나 본받고 싶고, 누구에게나 믿음의 좋은 영향을 끼치는 아름다운 주님의 사람이 되게 하옵소서.

주님!

남편이 녹슬어 없어지는 인생이기보다는 주님을 위하여 닳아서 없어지는 삶을 살기를 소망합니다.

예수님의 이름으로 기도합니다. 아멘

〈영적싸움〉

영적싸움을 잘할 수 있게 하소서

믿음의 사람으로 세우는 말씀 •

"우리의 씨름은 혈과 육을 상대하는 것이 아니요 통치자들과 권세들과 이 어둠의 세상 주관자들과 하늘에 있는 악의 영들을 상대함이라" (엡 6:12)

마귀를 대적하는 그리스도의 좋은 군사가 되기를 원하시는 하나님 아버지!

세상은 날로 악해져만 가고, 성도를 유혹하는 사단의 무리는 갈수록 극성을 부리고 있는 이때에, 사랑하는 남편이 그리스도의 좋은 군사가 되기를 원합니다.

마귀는 우는 사자와 같이 두루 다니며 삼킬 자를 찾고 있으니 이러한 마귀의 미혹에 걸려 넘어지지 않고 능히 대적하기 위하여 하나님의 전신갑주를 입는 남편이 되게 하옵소서.

마귀는 틈을 비집고 들어온다고 했으니 영적인 틈을 보이지 않기 위하여 말씀으로 철저히 무장하게 하시고, 깨어 기도하기를 쉬지 않는 남편이 되게 하옵소서.

　사도 바울은 영과의 싸움에서 이기기 위하여 날마다 자신을 죽이는 삶을 살았습니다. 남편도 자신을 철저히 죽이는 삶을 살게 하셔서 정욕을 통하여 접근해 오는 사단의 계략을 봉쇄해 버리는 능력의 삶을 살게 하옵소서.

　또한 마귀가 좋아하는 것이라면 눈을 가리고 귀를 막게 하시고, 마귀가 싫어하는 것이라면 힘을 다하여 최선을 다하는 남편이 되게 하옵소서.

　남편이, 마귀에게 철퇴를 가하고 마귀의 진을 파하는 강력한 주님의 사람으로 살게 하실 것을 믿습니다.

　예수님의 이름으로 기도합니다. 아멘

〈충성〉

충성하게 하소서

믿음의 사람으로 세우는 말씀
"네가 죽도록 충성하라 그리하면 내가 생명의 면류관을 네게 주리라" (계 2:10)

  죽도록 충성하라고 말씀하신 주님!
  부족한 저희들이 주님을 위하여 죽도록 충성할 수 있는 은총을 허락하시니 감사합니다. 이 땅에 살아가는 동안 힘과 정성을 다하여 주님께 충성하는 믿음의 삶이 되게 하옵소서.
  주님!
  사랑하는 남편을 위해서 기도합니다. 남편을 충성을 다할 수 있는 길로 인도하여 주옵소서. 주님이 가라 하시는 곳이면 어디든지 갔던 아브라함같이, 순종을 드리는 남편이 되게 하시고, 얍복 강가의 야곱과도 같이 전심을 다해서 주님을 의뢰하는 남편이 되게 하옵소서.

주님이 주신 꿈을 붙들고 고난 속에서도 겸손히 인내했던 요셉과 같이, 고난이 따른다 할지라도 주님의 약속의 말씀을 붙들고 겸손히 충성을 다하는 남편이 되게 하옵소서.

주님을 위하여 충성을 다했던 엘리야 선지자와 같이, 주님을 위하여 항상 불붙는 열심이 남편에게서 떠나지 않게 하옵소서.

이웃을 사랑하며 전도하는 일에 전심으로 헌신하게 하시고, 모든 예배와 봉사활동에 빠지지 않고 최선을 다해 충성하는 남편이 되게 하옵소서.

주님께 충성을 다하다가 혹 비난 받는 일이 발생한다 할지라도 합력하여 선을 이루시는 주님을 끝까지 의지하며 승리하게 하옵소서. 언제나 남편을 충성의 자리로 나아가게 하실 것을 믿습니다.

예수님의 이름으로 기도합니다. 아멘

⟨기도⟩

기도생활에 불이 붙게 하소서

믿음의 사람으로 세우는 말씀 •

"그가 사모하는 영혼에게 만족을 주시며 주린 영혼에게 좋은 것으로 채워주심이로다" (시 107:9)

항상 기도하기를 원하시는 주님!

저희가 언제나 기도로 주님과 교제하는 삶을 살게 하시니 감사합니다. 항상 기도에 힘쓰는 복된 사람이 되게 하옵소서.

주님!

사랑하는 남편을 위해서 기도합니다. 남편이 기도하는 자리로 힘써서 나아가야 한다는 것을 잘 알면서도 행동으로 옮기지 못하고 있습니다.

남편이 무엇에 붙들려 기도의 자리를 놓치고 있는지 부족한 이 죄인은 알 수 없으나 우리 주님은 아실 것이니, 기도생활에 방해가 되는 것을 제거하여 주시고 힘써서 주님을 찾을 수 있도록 은총을 베풀어 주옵소서.

　기도하지 않는 것은 엄연히 죄라는 것을 깨닫게 하시고, 교만으로 주님의 얼굴을 찌르지 않도록 남편에게 주님을 향한 기도무릎이 있게 하옵소서. 기도를 쉬면 사단을 이기지 못하고, 영혼이 병들 수 있음을 기억하여 항상 기도하기를 힘쓰는 남편이 되게 하옵소서.

　주님을 대할 때마다 마음을 쏟는 진실한 기도가 주님의 보좌 앞에 향기로 드려지게 하시고, 주님과의 깊은 영적인 교제가 부활되어 주님의 음성을 듣고 주님의 마음을 살필 줄 아는 복된 삶이 되게 하옵소서.

　남편이 그동안, 기도하기에 힘들어 했던 자신을 채찍질하며, 기도에 대한 목마름으로 주님을 더욱 갈망하게 하실 것을 믿습니다.

　예수님의 이름으로 기도합니다. 아멘

<새벽기도>
새벽 무릎이 있게 하소서

믿음의 사람으로 세우는 말씀
"아침에 주의 인자하심이 우리를 만족하게 하사 우리를 일생 동안 즐겁고 기쁘게 하소서" (시 90:14)

새벽에 습관을 좇아 기도하신 주님!
저희도 주님의 그 기도 습관을 닮아가게 하옵소서.
주님!
사랑하는 남편을 위하여 기도합니다. 남편이 새벽기도를 할 수 있는 믿음의 사람이 되기를 원합니다.
남편도 새벽기도가 얼마나 중요한 것인지를 잘 알고 있습니다. 그러나 육체의 나약함 때문에 새벽을 깨우지 못하고 있습니다. 매일 밤 새벽에 일어나기를 기도하고 다짐하며 잠자리에 들지만, 잠에 취하여 번번이 주님과의 그 귀한 교제의 시간을 놓치고 있습니다.

주님!

피곤에 지친 남편을 불쌍히 여기시고 새벽을 깨울 수 있도록 도와주옵소서. 새벽기도로 하루를 시작하고, 저녁 기도로 하루를 마칠 수 있는 기도의 사람이 되게 하옵소서.

가장 신선하고 가장 좋은 시간을 주님께 드릴 수 있도록 남편의 심령을 두들겨 주시고 깨워 주옵소서. 졸지도 아니하시고 주무시지도 아니하시는 주님의 은총에 조금이라도 보답하는 삶을 살 수 있도록 남편의 삶을 만져 주옵소서. 하루의 첫 시간을 성전에 오르며 하루일과를 시작할 수 있도록 이끌어 주시고 새벽을 거룩히 구별하여 주님께 드릴 수 있도록 도와주옵소서.

남편에게 더욱 큰 영적인 부담이 밀려와 새벽잠을 희생할 수 있는 의지를 주시고, 언제나 새벽을 깨우는 새벽의 사람이 될 수 있도록 축복하여 주옵소서.

예수님의 이름으로 기도합니다. 아멘

〈헌신〉

헌신하게 하소서

믿음의 사람으로 세우는 말씀 •
"너희 몸을 하나님이 기뻐하시는 거룩한 산 제물로 드리라"
(롬 12:1)

헌신의 대가이신 우리 주님!
언제나 저희에게 향하신 주님의 사랑하심과 인자하심이 크고 놀라움을 깨닫습니다. 주님의 은혜를 먹고 사는 주의 백성으로서 조금이라도 주님의 은혜에 보답하는 삶을 살 수 있게 하옵소서.
주님!
사랑하는 남편을 위하여 기도합니다. 천사도 흠모하는 헌신을 주님께 드리는 남편이 되게 하옵소서. 남편이 주님을 위하여 모든 것을 깨뜨려 더욱 헌신할 수 있는 길을 열어주옵소서.
주님!

주님은 한 알의 밀처럼 땅에 떨어지심으로 죄 가운데 방황하는 인류를 구원하셨습니다. 저희와 남편도 주님의 밀알의 정신을 본받아 희생의 자리로 나아가게 하시고, 희생의 욕구를 충족시켜 나가는 주의 사람으로 쓰임 받게 하옵소서.

수많은 신앙의 사람들처럼, 삶의 어떤 위기가 찾아온다 할지라도 주님을 위한 헌신의 자리는 결코 비우지 않는 주님의 사람이 되게 하시고, 주님을 위하여 죽도록 충성하는 헌신의 길을 걸어가게 하옵소서.

남편이 주님께 헌신하는 일이 어떤 의무감 때문에 하는 것이 되지 않게 하시고, 주님께서 저희를 구원해 주신 구속의 은총에 감사하여, 기쁨으로 드리는 산제물이 되게 하여 주옵소서.

우리 주님이 사랑하는 남편의 심령을 강하게 붙들어 주실 것을 믿습니다.

예수님이 이름으로 기도합니다. 아멘

<성령충만>

성령으로 충만하게 하소서

믿음의 사람으로 세우는 말씀

"성령을 소멸하지 말며 예언을 멸시하지 말고 범사에 헤아려 좋은 것을 취하고 악은 모든 모양이라도 버리라. (살전 5: 19,22)

능력의 주님!

구하는 자에게 언제나 좋은 것으로 채워 주시는 주님이심을 믿습니다.

이 시간, 사랑하는 남편의 성령 충만을 위하여 기도합니다. 남편이 주님이 주신 은혜를 감당할 수 있도록 성령 충만을 허락하여 주옵소서.

남편이 성령 충만하여 모든 정욕과 탐심을 이기게 하시고, 성령의 아홉 가지 열매를 맺는 복된 삶이 되게 하옵소서. 성령이 충만하여 주님께 순종을 드리는 자리에 항상 있게 하시고, 헌신하는 자리에 항상 있게 하시며, 충성하는 자리에 항상 있는 남편이 되게 하옵소서.

또한, 성령이 충만하여 주님을 사랑하듯 이웃을 사랑하는 남편이 되게 하시고, 주님을 섬기듯 겸손과 온유로 형제를 섬기는 남편이 되게 하옵소서.

갈 길 몰라 방황하는 영혼들을 주님께 인도하는 전도자가 되게 하시고, 물질과 몸을 드려 섬김의 도를 실천하는 충만한 남편이 되게 하옵소서.

가정에서도 성령이 충만하여 주님이 거하시는 거룩하고 아름다운 가정을 세우게 하시고, 주님이 통치하시는 가정 천국을 이루게 하옵소서.

언제나 남편의 속사람을 새롭게 변화시켜 주셔서 주님의 은혜와 사랑에 대하여 반응하는 삶을 살게 하실 것을 믿습니다.

예수님의 이름으로 기도합니다. 아멘

<헌금>

헌금을 잘 드릴 수 있게 하소서

믿음의 사람으로 세우는 말씀 •┈┈┈┈┈┈┈┈┈┈┈┈┈┈

"각각 그 마음에 정한 대로 할 것이요 인색함으로나 억지로 하지 말지니 하나님은 즐겨내는 자를 사랑하시느니라"
(고후 9:7)

모든 것의 주인이신 하나님 아버지!
저희 가정에 때를 따라 은혜와 복을 내려 주시고 물질로 인하여 고통당하는 일이 없게 하심을 감사드립니다.
주님!
사랑하는 남편을 위하여 기도합니다. 남편이 물질의 지배를 받지 않고 물질을 잘 다스릴 수 있는 지혜로운 삶이 되기를 원합니다. 사단의 유혹에 넘어가서 물질로 인하여 시험에 드는 일이 없게 하시고, 물질에 얽매여 주님을 멀리하거나 신앙생활이 나태해지는 일이 없게 하옵소서.
하나님과 재물을 겸하여 섬길 수 없다고 히

셨으니, 주님 앞에 물질을 잘 깨뜨릴 수 있는 남편이 되게 하시고, 인색한 마음으로 주님을 대하는 일이 없게 하옵소서.

하나님은 즐겨 내는 자를 사랑하신다고 하셨으니 정성을 다하여 드리는 남편이 되게 하옵소서.

가난한 중에도 모든 소유를 드렸던 과부를 기억합니다. 어려울 때에도 더욱 힘써서 드림으로 온전한 감사가 넘치는 남편의 삶이 되게 하옵소서.

언제나 남편의 손이 주님 앞에 부끄럽지 않게 하시며, 정직한 수고의 대가를 얻게 하셔서 깨끗한 물질로 주님을 기쁘시게 해드리는 데 최선을 다하게 하옵소서.

남편에게 소득이 있을 때마다 먼저 주님을 생각하는 마음이 항상 있기를 원합니다.

예수님의 이름으로 기도합니다. 아멘

〈믿음〉

굳건한 믿음이 되게 하소서

믿음의 사람으로 세우는 말씀
"믿음의 주요 온전하게 하시는 이인 예수를 바라보자"
(히 12:2)

 믿음의 주요 온전하게 하시는 주님!
 저희 가정에 믿음을 허락하심을 감사드립니다. 항상 흔들리지 않는 굳건한 믿음으로 주님을 기쁘시게 할 수 있게 하옵소서.
 주님!
 사랑하는 남편을 위해서 기도합니다. 남편의 믿음을 반석 위에 세워 주옵소서. 그의 마음을 성령의 능력으로 강하게 붙들어 주옵소서. 요즘 들어 믿음이 흔들리고 있습니다. 주일도 잘 지키지 않고, 교회를 안 가려고 이 핑계 저 핑계를 대고 있습니다.
 주님!
 주님을 멀리하려고 하는 남편을 불쌍히 여

기서서 그 심령에 흘러넘치는 주님의 은혜가 있게 하옵소서. 남편을 생각하면 제 마음도 이토록 안타깝기만 한데, 주님의 마음은 얼마나 아프고 안타까우시겠습니까?

주여!

남편에게 주님의 은혜와 사랑을 깨달을 수 있는 은총을 허락하여 주옵소서. 만세 전부터 택하신 당신의 자녀는 결코 버리지 않는다는 사실을 깨닫게 하시고, 한 번 구원받은 백성은 그 구원이 없어지지 않음을 깨닫게 하셔서, 어서 속히 흔들리는 믿음을 바로잡고 주님을 향하여 얼굴을 들 수 있게 하옵소서.

더 이상 악인의 꾀를 좇지 말게 하시고 마귀의 달콤한 유혹을 이길 수 있게 하옵소서. 믿음의 주요 온전케 하시는 예수님을 바라보게 하시고, 주님께 기쁨을 드리는 남편이 되게 하옵소서. 회복하시는 주님이심을 믿습니다.

예수님의 이름으로 기도합니다. 아멘

〈은사〉

은사로 충만하게 하소서

믿음의 사람으로 세우는 말씀 •
"너희는 더욱 큰 은사를 사모하라 내가 또한 가장 좋은 길을 너희에게 보이리라" (고전 12:31)

전능하신 하나님 아버지!
죄의 종으로 살던 저희를 구속하셔서 주님의 거룩한 백성으로 다시 살게 하여 주시니 얼마나 감사한지요. 이 땅에서 저희의 생명이 다하는 날까지 주님의 베푸신 은혜와 은총에 감사하며 영광 돌리는 삶이 되게 하옵소서.
주님!
사랑하는 남편을 위해서 기도합니다. 남편에게 더욱 큰 은사가 있기를 원합니다. 그의 심령에 성령의 은사로 충만케 하옵소서.
주님!
남편에게 사랑의 은사를 충만하게 하셔서 주님의 사랑을 나타내고 보여 주는 사람이 되게 하옵소서.

　남편에게 지혜의 은사를 충만하게 하셔서 주님의 몸 된 교회를 위하여 봉사의 아름다움을 보여 주는 도구가 되게 하옵소서.

　남편에게 기도의 은사를 충만하게 하셔서 주님과 더 깊은 교제를 나누는 영성의 사람이 되게 하옵소서.

　남편에게 말씀의 은사를 충만하게 하셔서 주님의 말씀을 읽을 때마다 송이 꿀보다도 더 단 주님의 말씀을 맛볼 수 있게 하옵소서.

　남편에게 전도의 은사를 충만하게 하셔서 많은 영혼들을 주님께로 인도하는 사람 낚는 어부가 되게 하옵소서.

　남편에게 물질의 은사를 충만하게 하셔서 사랑이 필요한 곳에 주님의 손길을 대신할 수 있게 하옵소서.

　사랑하는 자에게 각양 좋은 은사로 채워 주시는 주님이심을 믿습니다.

　예수님의 이름으로 기도합니다. 아멘

그가 경건하여
온 집안과 더불어 하나님을 경외하며
백성을 많이 구제하고
하나님께 항상 기도하더니

사도행전 10장 2절

5부

가정을 세우는
아내의 무릎기도문

\<가정\>

정다운
가정이 되게 하소서

가정을 세우는 축복의 말씀

"거기 곧 너희 하나님 여호와 앞에서 먹고 너희 하나님 여호와께서 너희의 손으로 수고한 일에 복 주심으로 말미암아 너희와 너희의 가족이 즐거워할지니라" (신 12:7)

자비로우신 주님!

저희 이런 가정이 되게 하옵소서.

정다운 가정, 희망이 넘쳐나는 가정이 되게 하옵소서.

서로를 감싸 주는 애정이 잔잔한 감동으로 흐르는 가정, 그리고 소박한 웃음소리가 그치지 않는 평안이 깃든 가정이 되게 하여 주옵소서.

작은 아픔에도 세심한 배려를 아끼지 않는 가정, 그리고 격려와 칭찬으로 큰 용기를 심어줄 수 있는 가정이 되게 하여 주옵소서.

그 어떤 실수에도 자비함으로 용서를 보여줄 수 있는 가정, 그리고 보이는 허물도 감싸 주고 덮어줄 수 있는 가정이 되게 하여 주옵소서.

작은 말에도 귀를 진지함으로 귀를 기울일 수 있는 가정, 그리고 정감 있는 대화로 응어리진 마음을 풀어줄 수 있는 가정이 되게 하여 주옵소서.

서로의 의견을 무시하지 않고 존중해 줄 수 있는 가정, 그리고 화목을 위해서라면 인내의 미덕을 보여줄 수 있는 가정이 되게 하여 주옵소서.

주님!

저희 가정이 이런 가정이 되어서 행복을 이루고 주님께 영광을 돌리게 하여 주옵소서.

예수님의 이름으로 기도합니다. 아멘

\<가정\>

성숙한 가정이 되게 하소서

가정을 세우는 축복의 말씀 •

"그가 경건하여 온 집안과 더불어 하나님을 경외하며 백성을 많이 구제하고 하나님께 항상 기도하더니"(행 10:2)

자비로우신 주님!

저희 가정이 이런 가정이 되게 하옵소서.

각자 맡은 일에는 성실한 마음으로 최선을 다하는 가정, 그리고 무슨 일을 하든지 성숙한 모습으로 끝까지 최선을 다하는 가정이 되게 하여 주옵소서.

절망이 찾아올 때 새로운 영감을 얻을 기회로 삼는 가정, 그리고 고난과 시련이 닥쳐와도 죽음보다 강한 사랑으로 이겨내는 가정이 되게 하여 주옵소서.

서로의 꿈과 비전을 위하여 기도로 축복해주는 가정, 그리고 서로 간에 깊은 신뢰와 변함없는 지지로 감화를 주는 가정이 되게 하여 주옵소서.

한 끼의 식사를 놓고도 감사의 기도를 드릴 줄 아는 가정, 그리고 불평 없는 식탁이 세상에서 가장 아름다운 그림으로 남는 가정이 되게 하여 주옵소서.

여유와 넉넉함이 없을지라도, 남을 헤아리는 일에는 적극적일 수 있는 가정, 그리고 주변에 있는 모든 사람들에게 참된 복을 빌어 주는 가정이 되게 하여 주옵소서.

주님!

저희 가정이 이런 가정이 되어서 세상에서 가장 아름답고 행복한 그림을 그려내는 축복의 가정이 되게 하여 주옵소서.

예수님의 이름으로 기도합니다. 아멘

⟨가정⟩

소중함을 아는
가정이게 하소서

가정을 세우는 축복의 말씀 •••••••••••••••••••

"그러므로 누구든지 이런 것에서 자기를 깨끗하게 하면 귀히 쓰는 그릇이 되어 주인의 쓰심에 합당하며 모든 선한 일에 준비함이 되리라" (딤후 2:21)

주님!

소중함을 아는 가정이 되게 하옵소서.

소박한 가정이라 할지라도 가정의 소중함을 느끼며, 부족한 형제라 할지라도 형제의 소중함을 느낄 줄 아는 가정이 되게 하옵소서.

아쉬움이 많은 생활이라 할지라도 살아있음을 감사할 줄 알며, 먹고 싶은 것 마음대로 먹지 못하는 생활일지라도 건강의 소중함을 느낄 줄 아는 가정이 되게 하옵소서.

쓰고 싶은 것 마음대로 쓰지 못하는 생활일지라도 물질의 소중함을 느낄 줄 알며, 열악한 환경일지라도 주어진 환경을 소중하게 여길 줄 아는 가정이 되게 하옵소서.
 부족한 친구라 할지라도 친구가 되어주는 관계의 소중함을 느낄 줄 알며, 불편한 이웃이라 할지라도 이웃이 되어주는 사람의 소중함을 느낄 줄 아는 가정이 되게 하옵소서.
 주님!
 언제나 저희 가정이 소중함을 느낄 줄 아는 가정이 되게 하옵소서. 그리하여 소중함 속에 부어 주시는 주님의 은혜를 경험하는 삶이 되게 하옵소서.
 예수님의 이름으로 기도합니다. 아멘

〈부부〉

행복한 부부가 되게 하소서

가정을 세우는 축복의 말씀
"하나님은 무질서의 하나님이 아니시요 오직 화평의 하나님이시라" (고전 14:33)

사랑의 주님!

저희 부부가 이런 부부가 되게 하옵소서.

바쁘다는 이유로 서로 간에 대화가 단절되지 않게 하여 주시고, 언제나 정다운 대화로 화목을 꽃피울 수 있는 부부가 되게 하여 주옵소서.

시련이 있을지라도 서로를 향한 사랑이 변질되지 않게 하시고, 처음처럼, 그 사랑을 가지고 기쁨을 꽃피울 수 있는 부부가 되게 하여 주옵소서.

실수가 있더라도 서로 간에 잘잘못을 가리지 말게 하시고, 서로의 허물도 은밀히 덮어주는 다정함을 꽃피울 수 있는 부부가 되게 하여 주옵소서.

적은 소득일지라도 서로 간에 수고한 것을 격려해 주며 인정해 줄 수 있게 하시고, 언제나 성실한 열매를 거둘 수 있도록 기도를 꽃피울 수 있는 부부가 되게 하여 주옵소서.

원치 않는 시련이 몰려와 가정이 흔들릴 때, 무거운 짐을 서로 나누어 질 줄 알게 하시고, 마음이 상하여 괴로울 때, 서로를 위로해 주며 신뢰를 꽃피울 수 있는 부부가 되게 하여 주옵소서.

성공보다는 화목한 가정을 더 큰 자랑으로 여길 수 있게 하시고, 하나님을 공경하는 것을 최고의 행복으로 여길 수 있는 부부가 되게 하여 주옵소서.

예수님의 이름으로 기도합니다. 아멘

〈부부〉

서로의 필요를 느끼는 부부이게 하소서

가정을 세우는 축복의 말씀
"오직 위로부터 난 지혜는 첫째 성결하고 다음에 화평하고 관용하고 양순하며 긍휼과 선한 열매가 가득하고 편견과 거짓이 없나니" (약 3:17)

사랑의 주님!

저희 부부가 서로에게 늘 이런 사이가 될 수 있게 하옵소서.

서로에게 가장 평안한 정을 주는 상담자로, 가장 친근한 벗으로 평생 함께하는 사이가 되게 하옵소서.

서로에게 가장 친절한 마음을 주는 안내자로, 가장 따뜻한 위로자로 평생 함께하는 사이가 되게 하옵소서.

서로에게 가장 든든한 힘을 주는 협력자로, 가장 필요한 후원자로 평생 함께하는 사이가 되게 하옵소서.

서로에게 가장 진실한 사랑을 주는 내조자

로, 가장 성실한 동역자로 평생 함께하는 사이가 되게 하옵소서.

서로에게 가장 신실한 믿음을 주는 지혜자로, 가장 성숙한 인격자로 평생 함께하는 사이가 되게 하옵소서.

서로에게 가장 다정한 손길을 주는 치유자로, 가장 훌륭한 영성자로 평생 함께하는 사이가 되게 하옵소서.

주님!

저희 부부가 언제나 주님 앞에서 이런 사이가 될 수 있도록 붙들어 주옵소서.

예수님의 이름으로 기도합니다. 아멘

⟨부부⟩

잘못됨을 보이지 않는 부부이게 하소서

가정을 세우는 축복의 말씀 •··

"그는 정직한 자를 위하여 완전한 지혜를 예비하시며 행실이 온전한 자에게 방패가 되시나니" (잠 2:7)

주님!

서로 이런 모습을 보이지 않는 부부이게 하옵소서.

자주 화를 내는 것과 거짓말하는 모습을 보이지 않는 부부이게 하옵소서.

헛된 약속을 하는 것과 위선된 모습을 보이지 않는 부부이게 하옵소서.

욕심 부리는 것과 탐욕에 사로잡힌 모습을 보이지 않는 부부이게 하옵소서.

불평하는 것과 헐뜯는 모습을 보이지 않는 부부이게 하옵소서.

분을 내는 것과 다투는 모습을 보이지 않는 부부이게 하옵소서 자만하는 것과 거만한 모습을 보이지 않는 부부이게 하옵소서.

증오하는 것과 저주하는 모습을 보이지 않는 부부이게 하옵소서.

판단하는 것과 미워하는 모습을 보이지 않는 부부이게 하옵소서.

감추는 것과 독선적인 모습을 보이지 않는 부부이게 하옵소서.

무시하는 것과 괴롭히는 모습을 보이지 않는 부부이게 하옵소서.

술 취한 것과 방탕한 모습을 보이지 않는 부부이게 하옵소서.

나태한 것과 핑계 대는 모습을 보이지 않는 부부이게 하옵소서.

교회를 멀리하는 것과 예배에 빠지는 모습을 보이지 않는 부부이게 하옵소서.

주님 앞에서 언제나 이런 부부로 살 수 있도록 사랑을 더하여 주옵소서.

예수님의 이름으로 기도합니다. 아멘

〈부모〉

진실한
부모이게 하소서

가정을 세우는 축복의 말씀

"그리하면 모든 지각에 뛰어난 하나님의 평강이 그리스도 예수 안에서 너희 마음과 생각을 지키시리라" (빌 4:7)

사랑의 주님!

이런 부모가 될 수 있도록 축복하옵소서.

권위를 앞세우기보다 실수도 보듬어 줄 수 있는 이해심 많은 부모이기 원합니다.

원칙을 앞세우기보다 잘못도 품어줄 수 있는 사랑 많은 부모이기 원합니다.

때로는 친구같이, 자녀의 말 못할 고민을 들어줄 수 있는 친한 벗 같은 부모이기 원합니다.

조금 뒤떨어져도 나무라지 아니하고, 더 노력할 수 있도록 격려할 수 있는 부모이기 원합니다.

경쟁해야 하는 부담을 부추기기보나, 때로

는 양보의 미덕이 더 중요한 것임을 깨우쳐 주는 부모이기 원합니다.

얻는 것만이 잘하는 것이 아니라, 때로는 잃는 것도 잘하는 것임을 깨닫게 해주는 부모이기 원합니다.

최고가 되려는 것보다, 최선을 다하는 자세가 더욱 중요한 것임을 깨우쳐 줄 수 있는 부모이기 원합니다.

잘된다고 자만하거나, 안 된다고 낙심치 말아야 함을 깨우쳐 줄 수 있는 부모이기 원합니다.

주님!

저희로 하여금 꼭 이런 부모가 되게 하여 주옵소서.

예수님의 이름으로 기도합니다. 아멘

⟨부모⟩

인격적인
부모이게 하소서

가정을 세우는 축복의 말씀

"오직 너희를 부르신 거룩한 이처럼 너희도 모든 행실에 거룩한 자가 되라" (벧전 1:15)

사랑의 주님!

이런 부모가 될 수 있도록 축복하옵소서.

아이에게 언어폭력을 쓰지 않고, 저주의 말을 쏟아내지 않는 부모이게 하옵소서. 아이를 윽박지르지 않고, 온유한 마음으로 훈계하는 부모이게 하옵소서.

아이에게 언성을 높이지 않고, 유순한 말로 이해시키는 부모이게 하옵소서. 아이에게 권위를 보여 주기보다, 온유한 인격을 보여 주는 부모이게 하옵소서.

아이에게 비판하는 모습을 보여 주기보다, 긍정적인 시각을 보여 주는 부모이게 하옵소서. 아이에게 게으른 모습을 보여 주기보나,

최선을 다하는 모습을 보여 주는 부모이게 하옵소서.

아이에게 세상을 원망하는 모습을 보여 주기보다, 세상을 사랑하는 모습을 보여 주는 부모이게 하옵소서. 아이에게 무책임한 행동을 보여 주기보다, 책임 있는 모습을 보여 주는 부모이게 하옵소서.

아이에게 헛된 약속을 보여 주기보다, 약속을 지키는 모습을 보여 주는 부모이게 하옵소서. 아이에게 물질을 사랑하는 모습을 보여 주기보다, 주님을 사랑하는 모습을 보여 주는 부모이게 하옵소서.

주님!

저희로 하여금 꼭 이런 부모가 되게 하옵소서.

예수님의 이름으로 기도합니다. 아멘

〈부모〉

닮고 싶은 부모이게 하소서

가정을 세우는 축복의 말씀 •┄┄┄┄┄┄┄┄┄┄┄┄┄┄┄

"그러므로 사랑을 받는 자녀 같이 너희는 하나님을 본받는 자가 되고" (엡 5:1)

사랑의 주님!

이런 부모가 될 수 있도록 축복하옵소서.

지나친 방임으로 인하여 아이를 무례한 길로 인도하는 부모가 되지 않기를 원합니다. 아이는 부모의 뒷모습을 보며 닮는다는 말이 있듯이, 아이 앞에서 바른 생각과 바른 행동을 보임으로, 아이를 바른 길로 인도하는 부모가 되게 하옵소서.

또한, 과잉보호로, 아이의 독립성을 약하게 만드는 부모가 되지 않기를 원합니다.

아이를 사랑하되 우상이 되지 않게 하시며, 주의 교양과 훈계로 잘 양육하는 부모가 되게 하옵소서.

주님!

아이를 복되게 하는 부모가 되기를 원합니다. 아이가 제일 감추거나 숨기고 싶은 부모가 아니라, 아이가 제일 자랑하고 싶고, 제일 존경하는 대상이 부모이게 하옵소서.

또한 아이가 가장 본받고 싶은 대상도 부모이게 하시고, 가장 닮고 싶은 대상도 부모이게 하옵소서.

주님!

아이에게 언제나 떳떳하고 좋은 부모가 될 수 있도록 성령을 부어 주옵소서.

예수님의 이름으로 기도합니다. 아멘

〈부모〉

영적인 부모이게 하소서

가정을 세우는 축복의 말씀 •••••••••••••••••••••••••••

"오직 우리의 시민권은 하늘에 있는지라 거기로부터 구원하는 자 곧 주 예수 그리스도를 기다리노니"(빌 3:20)

주님!
이런 부모가 될 수 있도록 축복하옵소서.
아이를 세상의 방법대로 키우기보다, 먼저 하나님의 방법대로 키워 가는 부모이게 하시고, 아이에게 세상의 지식을 심어 주기보다, 먼저 하나님의 지혜를 심어 주는 부모이게 하옵소서.
아이에게 삶의 처세술을 가르쳐 주기보다, 먼저 하나님을 의뢰하는 법을 가르쳐 주는 부모이게 하시고, 아이에게 물질을 의지하기보다, 먼저 하나님을 의지하는 법을 가르쳐 주는 부모이게 하옵소서.
아이에게 소유의 필요성을 말해 주기보다,

먼저 영적인 부요함을 깨닫게 해 주는 부모이게 하시고, 아이에게 노력의 중요함만 강조하기보다, 먼저 기도의 힘이 중요함을 알려 주는 부모이게 하옵소서.

아이에게 성취의 기쁨을 누리게 하기보다, 먼저 감사의 즐거움을 갖게 하는 부모이게 하시고, 아이에게 세상 나라를 세워 주기보다, 먼저 하나님의 나라를 세워 주며 영적 비전을 세워 주는 부모이게 하옵소서.

주님!

저희로 하여금 꼭 이런 부모가 되게 하옵소서.

예수님의 이름으로 기도합니다. 아멘